# Redondea

Pep Gómez

# Redondea

## Repensando la movilidad urbana de una forma sostenible

PROFIT editorial

Diseño de cubierta: Olga Leykina
Maquetación: Fotocomposición gama, sl

ISBN: 978-84-17942-76-2
Depósito legal: B 15366-2020
Primera edición: septiembre, 2020

Impresión: Gráficas Rey
Impreso en España – *Printed in Spain*

# Índice

# Prólogo

El mundo está inmerso en la cuarta revolución industrial. La tecnología está redefiniendo todas las industrias. El impacto será más amplio que solo los negocios. Cambiará la sociedad.

La industria del transporte de un billón de dólares (un trillón en el formato de Estados Unidos) no es una excepción. Está siendo refactorizada por primera vez en sus 100 años de historia. Las cadenas de suministro se comprimirán. Las industrias serán desintermediadas y descentralizadas. Cada compañía de transporte necesitará ser una compañía de tecnología para sobrevivir. El equilibrio de poder cambiará de productores a consumidores, de *hardware* a *software*, de centralizado a descentralizado. En la superficie, las cosas pueden parecer similares: la gente y el producto seguirán moviéndose de un lugar a otro, pero cómo sucede y quién lo hace nunca será lo mismo.

Esta será una de las claves que definirán los negocios en el siglo XXI, como la industria automotriz y aérea definieron el siglo XX. Tesla. Uber. Lyft. Estas empresas son solo el comienzo. Habrá docenas de compañías de transporte multimillonarias que desplazarán a las docenas de compañías de transporte que ahora dominan el mercado. Es un momento emocionante de disrupción creativa en el que los emprendedores construyen el futuro. En el que las empresas y los gobiernos trabajan juntos. Donde el empleo se redefine de la misma forma que lo hace la definición de las propias empresas.

Veamos algunos de los pilares del cambio...

## De motor de combustión interna a vehículo eléctrico a vehículo autónomo

La centenaria tecnología del motor de combustión interna (ICE) está en el principio de su fin. Siendo uno de los primeros miembros del consejo de administración de Tesla, hace más de una década era evidente que la disponibilidad de la tecnología de densidad de energía necesaria era una gran oportunidad. Los vehículos eléctricos (EV) son más eficientes, sostenibles y fiables. Solo hay una parte móvil: el eje de transmisión. La curva de potencia se enciende como un interruptor de luz que proporciona los picos de potencia instantáneamente. Es una obvia mejora tecnológica. Y mientras que la transición del ICE al EV está bien encaminada y es importante y significativa, hay otra que está apenas comenzando: la del EV al AV (Vehículo Autónomo). Los AV o vehículos autónomos utilizan un sofisticado *software* que permite a la máquina pensar como un humano para poder tomar las complejas decisiones cognitivas necesarias para conducir en las carreteras. Permitir a un ordenador pensar como un humano será uno de los mayores logros técnicos de la humanidad. Será un momento fundamental en la historia de la humanidad.

## De *hardware* a *software*

Históricamente, los coches, camiones o motos eran productos de *hardware* basados en la ingeniería mecánica. Incluso cuando se ha introducido algún *software*, los vehículos siguen siendo productos de *hardware* con una ligera capa de *software* muy superficial. Los nuevos productos como Tesla pasan a ser basados en *software* con un caparazón de *hardware*. Uber y Lyft son productos completamente de *software*. En el futuro, los vehículos tradicionales de transporte de *hardware* se convertirán principalmente en productos de *software*. El valor del contenido estará en el *software*. Las actualizaciones Over the Air (OTA) se harán de forma automática y regular. No habrá necesidad de esperar a comprar el próximo vehículo para mejorar el rendimiento, el alcance o la eficiencia. Al igual que tu iPhone, tu coche o moto se actualizará durante la noche mientras se carga.

## De producto a servicio

Muchas industrias de transporte construyeron productos como coches, camiones o motos para ser vendidos a consumidores o empresas. Esos productos de transporte se convertirán cada vez más en servicios. Un fabricante de taxis que vende un taxi que fabrica a una empresa de taxis que luego crea un negocio de servicios, ha sido reemplazado por personas que ofrecen sus vehículos personales como un servicio directamente a los consumidores. Uber y Lyft redefinieron los taxis con *software*. Esto pasará en muchas otras industrias. Reby y Lime están haciendo algo similar con los vehículos individuales de uso compartido. Getaround con coches de alquiler. Uno por uno los productos se convertirán en servicios.

## Multimodalidad

Históricamente, los productos que se movían de un lugar a otro eran transportados por camiones. El traslado de personas se hacía, en gran medida, con coches. A medida que la industria del transporte se ha redefinido, han aparecido un mayor número de opciones y modalidades. Estos nuevos vehículos y servicios están siendo adaptados a las necesidades específicas de los clientes. Getaround en el caso del alquiler de coches a largo plazo. Uber para viajes cortos de más de varios kilómetros. Reby y Lime para viajes de menos de 2 kilómetros. Ir de un lugar a otro implicará muchas modalidades diferentes, cada una utilizando una solución construida para cada distancia y cliente. No hay necesidad de transportar ineficientemente un vehículo de 2 toneladas para mover a una sola persona a 5 manzanas de la ciudad. Es más barato y rápido hacerlo con un patinete. Me recuerda a la evolución de las zapatillas de deporte. La gente solía tener un par para correr, caminar, ir de excursión, ir en bicicleta, hacer deportes. Hoy en día hay calzado específico para cada aplicación. Obviamente el transporte es mucho más complejo y costoso, por lo que habrá esta evolución para cada uno de los productos y servicios específicos.

## Trabajando con la administración

Las compañías de transporte necesitan ser grandes. Hablo de serlo a nivel de manufactura, de servicio, de financiación. Y las formas completamente nuevas de aplicar la tecnología introducen una revolución que las regulaciones existentes todavía no han tenido en cuenta. La innovación y el impacto en la sociedad hacen que el gobierno sea el mayor socio necesario para estas empresas emergentes de tecnología de transporte. Las *startups* y los gobiernos han estado históricamente en desacuerdo. Los enfoques de las nuevas empresas que miran hacia adelante crean tensión con las leyes que miran hacia atrás. Para evolucionar, esta industria del transporte de un billón de dólares necesita asociarse con los gobiernos municipales, autonómicos y estatales. Las relaciones combativas del pasado no han sido productivas.

Está claro que hay muchos cambios en la industria del transporte. Emprendedores como Pep Gómez continuarán impulsando la innovación que mejorará la industria y la sociedad. Estoy entusiasmado con el futuro. Y los últimos 10 años de Tesla, Uber y Lyft son una señal de que será un gran viaje. Abróchense los cinturones.

Simon Rothman*

* Simon Rothman es empresario e inversor en fase inicial centrado en la intersección de la tecnología y el transporte. Fue el fundador de eBay Motors y uno de los primeros miembros de la junta directiva de Tesla, Cargurus, Convoy y Nuro. También es consejero o inversor inicial en Lyft, Lime, Getaround y Aurora. Simon es socio desde hace más de 9 años de Greylock Partners, uno de los fondos de capital riesgo más antiguos de Silicon Valley, con inversiones semilla en empresas como Uber o Airbnb. También es amigo y mentor de Pep Gómez, así como uno de los inversores iniciales en su actual empresa, Reby.

# 0

# Entrando (¿sin querer?) en el mundo de la movilidad

> «Nunca dudes de que un pequeño grupo de ciudadanos reflexivos y comprometidos puede cambiar el mundo. De hecho, es la única cosa que siempre lo ha hecho.»
>
> MARGARET MEAD

Me llamo Pep, tengo 27 años y no me he sacado el carné de conducir. La verdad es que nunca lo he necesitado. Las pocas veces que he viajado a sitios a los que no se podía llegar en transporte público me han llevado. No obstante, creo que puedo llegar a imaginar la sensación de libertad que provoca en las personas no depender de nada ni de nadie para viajar. Esta sensación la suelo disfrutar en grupo, pues siempre que esto sucede voy con amigos y hay alguien que sí tiene carné. A veces, mis amigos se enfadan conmigo diciendo que soy un comodón. Y la verdad es que siempre me invento una excusa. Últimamente digo mucho que el mes que viene voy a Cuenca a sacármelo, pero es que tener coche es un follón y, en cierto modo, absurdo e irracional. Comprarlo —y eso que ahora existen los *renting*—. Pagar *parking*. Echar gasolina. Llevarlo al taller. Multas. Contaminación. Y bueno, si quieres intentar no contaminar, acabas comprándote un coche eléctrico que te cuesta lo que la gasolina de 5 años en un coche «tradicional». Está absolutamente desincentivado comprarte un coche eléctrico, porque si te compras uno que no lo es, lo puedes cambiar (si es *renting*) o que te lo recompren (si es *leasing*) cada dos años, mientras que los eléctricos son tan caros que para poder disfrutarlos debes comprometer un montón de años de permanencia y tu vehículo acaba quedándose obsoleto porque al final de tu permanencia quizás vayas dos generaciones por detrás. Cuando yo era pequeño pasaba un poco lo mismo con los teléfonos móviles. Los Nokia de la época eran *colocados* por los operadores con un préstamo a dos o tres años, lo cual era absurdo porque cada año la tecnología evolucionaba tan rápido que a los 12 meses tu teléfono se quedaba anticuado, y acababas acumulando pagos de cuotas de teléfonos que llevaban meses en un cajón.

Pero volviendo al tema. Para algunos, el hecho de no tener carné de conducir me podría deslegitimar a la hora de opinar sobre movilidad. Puede ser. Quizás. No lo niego. De hecho, me daba bastante reparo escribir este ensayo. Me intimidaba un poco. Lo mismo pasa con infinidad de temas en los que no te ves con autoridad suficiente como para dar tu opinión. Un poco lo que se llama el síndrome del impostor. Pero cuando creamos Reby, la empresa de prevención del cambio climático con la que estamos revolucionando la forma en que nos movemos en las ciudades, me di cuenta con mis socios cofundadores de que debíamos repensar el modo en que nos movemos, tratando de construir algo que fuese útil para gente como yo.

A finales de 2018, estando con Kiran, un amigo al que había conocido un par de años antes, nos cruzamos con Cristina y Guillem, dos apasionados del mundo de la bicicleta, en un encuentro organizado por el emprendedor e inversor israelí Yossi Vardi cerca de Barcelona. Los dos nos contaron que acababan de mudarse a España desde China, donde habían pasado los últimos 12 años fabricando bicicletas eléctricas para uso compartido. Yo había visitado China ese mismo verano y estaba fascinado por Asia, así que les expliqué una tesis de inversión en la que llevaba trabajando varios meses.

Soy un emprendedor, principalmente centrado en el sector tecnológico, apasionado por la automatización de la economía real. A los 18 años —es decir, hace más de una década—, monté mi primera empresa, Fever, la compañía líder en la digitalización del sector de experiencias de ocio. Poco después pasé un par de años viviendo en distintas partes del mundo, analizando distintos sectores donde poder invertir mi tiempo, a la vez que colaboraba en el proceso de digitalización de empresas más tradicionales. Algunas de ellas fueron el Grupo PRISA, que es el mayor grupo de medios de comunicación de contenidos informativos, culturales y educativos en España e Hispanoamérica, con presencia en radio (*Cadena Ser, Dial, LOS40*), televisión, prensa escrita (*El País, AS, Cinco Días*) y editoriales (Santillana). También con ASICS, una empresa de material y ropa deportiva japonesa que cotiza en el mercado bursátil de Tokio. Por último, y sin lugar a dudas, la que más me marcó durante esta etapa de descubrimiento fue mi colaboración con la Fundación Mobile World Capital, que impulsa la transformación móvil y digital de la sociedad y ayuda a mejorar la vida de las personas a escala global. Esta fundación está estrechamente vinculada a la organización del congreso Mobile World Congress y su plataforma destinada a compañías tecnológicas emergentes, 4YFN (4 Years From Now), y halló su mayor impulso de la mano de Aleix Valls, un tremendo emprendedor catalán que después se convirtió en amigo. Fruto de esa relación nació mi interés por la colaboración público-privada y el sector de las infraestructuras. El sector privado va por delante del sector público en muchos aspectos, y personalmente creo que la colaboración entre ambos es imprescindible para poder estar a la vanguardia de la innovación. Un libro que me inspiró mucho en este sentido fue *The Entrepreneurial State: Debunking Public vs. Private Sector Myths*, de Mariana Mazzucato, una economista estadounidense-italiana que desarrolla su actividad docente en el University College London, y me interesó especialmente el sector de la movilidad urbana de uso compartido. Era un sector todavía por regular, donde yo pensaba que las cosas no se estaban haciendo del todo bien porque lo vivía en mi propia piel. Sufría a diario la necesidad de viajar por las ciudades y, en muchas ocasiones, se me hacía incomodísimo tener que tirar de tres líneas de autobús y caminar 30 minutos.

Como decía, la movilidad compartida estaba llegando a Europa, pero los principales y nuevos operadores del mercado la estaban afrontando, en mi opinión, desde el punto de vista incorrecto. La economía funcionaba, y las empresas no pensaban en la rentabilidad a corto plazo. Permitidme que haga un breve inciso sobre este tema. Esta situación es, por desgracia, algo muy habitual en las *startups* tecnológicas. Cuando la economía va como ha ido en los últimos años y todas las empresas tecnológicas que cotizan en mercados como el NASDAQ han subido como la espuma, aparecen un montón de fondos de capital riesgo pidiendo dinero a inversores en busca del próximo Facebook. Esos fondos, una vez han conseguido el dinero de sus inversores, tienen que invertir en empresas. Es lo que en inglés se llama *capital deployment*. Esto es perverso, pues no siempre hay suficientes empresas buenas en las que invertir si esperas obtener una buena rentabilidad, pero, por otro lado, si no invierten, no pueden construir *track record* y ponerse a *levantar* el siguiente fondo.

Total, que en 2018 se juntaron el hambre con las ganas de comer: la necesidad del sector del capital riesgo de invertir el dinero de los inversores en el mercado lo más rápido posible junto con la creciente demanda de movilidad de uso compartido en las ciudades. El *cocktail* perfecto para que muchos emprendedores se lanzaran a construir el próximo operador depredador del espacio público. La tesis decía que este tipo de movilidad era como Uber pero sin conductores, donde cualquier empresa podía ocupar el espacio público porque sí, y donde poner «la bandera el primero» en las ciudades iba a ser el secreto del éxito. Nada más lejos de la realidad. La movilidad urbana de uso compartido será necesariamente regulada y altamente restrictiva. La gestión de la escasez, en este caso, del espacio público, es una de las tareas más clásicas del poder público y, por tanto, objeto del derecho público en orden a determinar criterios para guiar las decisiones públicas (eficiencia, mérito/solvencia, necesidad, maximización de la utilidad) y los procedimientos (las diferentes modalidades de adjudicación administrativa, sorteo, concurso, etc.) para la asignación de derechos sobre recursos escasos, sea el agua, el espectro electromagnético, las vías urbanas...

Si Estados Unidos es liberal y China intervencionista, Europa se encontraría en un punto medio. La densidad demográfica en sus ciudades es mucho mayor que en Estados Unidos y, por tanto, la ocupación de la vía pública de la movilidad compartida iba a estar limitada, estaría regulada y pasaría a ser un *utility*, igual que la electricidad o los servicios hídricos. La oportunidad era clara: si pudiésemos lograr posicionarnos a la vanguardia de la innovación en el sector fabricando algo barato y seguro ganaríamos la confianza de las ciudades. De esta forma lograríamos que, por primera vez, este sector fuera rentable. Por tanto, en mi opinión, todos estaban equivocados con su estrategia: existía la oportunidad de crear la compañía líder en Europa, concebida pensando primero en el regulador, después en el peatón y finalmente en el usuario de este tipo de servicios. Un *utility*, una empresa al servicio de la ciudad; en definitiva, una empresa que puede ser aburrida, quizás lenta de construir, pero rentable y útil para la sociedad.

Como ya viene siendo habitual en mí cada vez que monto una empresa, me costó encontrar algún fondo en Europa que *comprase* mi tesis. En 2014, un emprendedor e inversor al que admiro mucho, llamado Peter Thiel, publicó en el *Wall Street Journal* un artículo titulado «Competition Is for Losers», que viene a plantearle al lector un análisis sobre las compañías más valiosas del mundo, e invita a los emprendedores a construir compañías que no está construyendo nadie.

Así que, con mis socios y mucha ilusión, cogí mi mochila y me fui a California a tirar de amigos inversores que había conocido en la época en la que vivía allí y algún que otro inversor de mi empresa anterior, Fever. Y montamos Reby.

Os cuento un poco más sobre el tema. En China, dos de mis socios y cofundadores, Guillem y Cristina, no tenían coche. Se movían con DiDi o con cualquier aplicación que agregase a los operadores locales bajo sistemas MaaS (Mobility as a Service), o con el propio WeChat, una plataforma que unifica servicios de todo tipo, desde pagos hasta comunicación y, por supuesto, movilidad urbana.

El sector de la movilidad es muy complejo. En el año 2014, cuando yo tenía 21 años, el entonces alcalde de Nueva York, Michael Bloomberg, me concedió un premio llamado NYC Venture Fellows, otorgado por la ciudad. En esos premios conocí a varios emprendedores que ya por aquel entonces estaban pensando en cómo solucionar la movilidad compartida de ciudades como Nueva York. De ahí salieron compañías muy valiosas, como, por ejemplo, Via Transportation, creada por dos emprendedores israelíes llamados Daniel Ramot y Oren Shoval, una compañía de Mobility as a Service (MaaS) o Transportation as a Service (TaaS), como lo llaman ellos, que principalmente se dedica al transporte compartido colectivo. Recientemente ha recibido una inversión de 200 millones de dólares por parte de John Elkann, presidente de EXOR, el *holding* de la familia Agnelli, también uno de los principales inversores de Reby.

De todo este bagaje ha aprendido Reby, un proyecto más que ayudará a contribuir a eliminar los coches y transicionar más rápido a una ciudad más ágil, más verde y más sana. Creo que debemos convertir la ciudad en un espacio donde gente como tú, que conduces cada día coche, moto, patinete o bicicleta, tenga su lugar. Donde haya suficiente oferta para poder hacer una vida normal sin coche. Donde si te debes mover no tengas que estar atado a un horario limitado, no tengas que hacer cola en la empresa de alquiler. Donde tener un coche sea la excepción y por placer, no porque no haya más remedio, como ocurre hoy. Si conseguimos cambiar el paradigma, resolver la ecuación, conseguiremos liberar el espacio público de vehículos innecesarios y podremos dejarlo para los verdaderos protagonistas: nosotros, los peatones.

De esta forma, lo que busco con este manuscrito es, desde el más absoluto respeto a los expertos en la materia, transmitir mi punto de vista como recién llegado, un ciudadano joven que espero pueda hacer su aportación en un debate muy amplio que no creo que resolvamos aquí y ahora. Trataré de hacer un repaso de aquellos conceptos que he leído y me han inspirado en este camino. Desde la sostenibilidad a la movilidad, pasando por las transformaciones culturales, arquitectónicas y tecnológicas a las que nos enfrentamos.

No. No soy Ole Thorson. Tampoco Manuel Castells. Ni Salvador Rueda. Ni Henri Lefebvre. Ellos, personas a las que he estudiado, son expertos en sus ámbitos y auténticos especialistas y estudiosos que nos enseñan, con sus opiniones y conocimientos, hacia dónde podemos ir. Yo, Pep, me limito a ser alguien apasionado en un mundo que, estoy convencido, transformará la forma en la que vivimos. Trato, pues, de poner mi granito de arena en un debate del que todos somos parte.

# 1

# Sostenibilidad: un concepto moderno. O no

«Ser verde es más que comprar "eco". Es un compromiso inquebrantable con un estilo de vida sostenible.»

JENNIFER NINI

Cuando hablamos de sostenibilidad desde un punto de vista meramente teórico lo hacemos refiriéndonos a aquellas prácticas de producción que utilizan un recurso de manera que este no se agote nunca. Dicho de manera fácil: si cortamos un árbol, debemos plantar otro. Solo seremos capaces de consumir la misma cantidad de madera que el árbol pueda regenerar por sí mismo. Indirectamente, también se relaciona la sostenibilidad con el impacto que provoca en la atmósfera la producción y consumo de un producto, porque el oxígeno que respiramos y la atmósfera que nos protege son, junto con el agua, recursos vitales y escasos, en sus capacidades como sumidero limitado.

El impacto en la atmósfera lo medimos a través de la emisión de gases de efecto invernadero, la famosa huella de carbono. El impacto en las reservas de agua lo medimos con la huella hídrica. Este último índice es tan necesario como el primero, pero estamos menos acostumbrados a medirlo porque en los países occidentales no somos conscientes de que el agua dulce es un recurso limitado: pensamos que siempre lloverá. Sin embargo, cuando se cobra conciencia de que para producir un coche estándar son necesarios 150.000 litros de agua, uno puede llegar a comprender que estamos poniendo en riesgo un recurso vital para la supervivencia del ser humano.

El origen de lo que ahora entendemos como sostenibilidad podemos decir que se remonta a 1798, cuando Thomas Malthus publica su *Ensayo sobre el principio de la población*. En este, Malthus explica su «teoría poblacional», que básicamente expone que la población tiende a crecer más rápido que los recursos. No habla directamente de sostenibilidad, pero, sin saberlo, la define. Aun así, la sostenibilidad como concepto tiene poco más de 30 años y se remonta a 1987, cuando en un informe realizado por las Naciones Unidas se mencionaba el concepto de desarrollo sostenible como solución al impacto perjudicial en el medioambiente provocado por los procesos industriales y globalizadores del sistema económico. El informe fue realizado por una comisión dirigida por Gro Harlem Brundtland, que ocupó el cargo de primera ministra de Noruega en tres ocasiones (1981, 1986-89 y 1990-96), y fue denominado Nuestro Futuro Común (Our Common Future), aunque es más conocido como *Informe Brundtland*. En él se establecen los tres pilares sobre los que se sustentará la sostenibilidad: medioambiental, social y económico. Según Brundtland, todos ellos deberán desarrollarse bajo la premisa de «satisfacer las necesidades del presente sin comprometer las necesidades de las futuras generaciones».

Como vemos, la sostenibilidad no es una tendencia, y nunca puede pasar de moda, incluso si su lenguaje lo hace. El desafío para quienes defendemos la idea es continuar encontrando nuevos caminos y nuevas palabras para inspirar el cambio. Como dijo Baba Dioum en la Asamblea General de la Unión Internacional para la Conservación de la Naturaleza y los Recursos Naturales (UICN) en 1968, «al final conservaremos solo lo que amamos, amaremos solo lo que entendemos y entenderemos solo lo que se nos enseña».

## Bajando a la realidad

No descubro nada si digo que vivimos en un mundo en el que nos centramos, generalmente, en producir. Y en este contexto es la actividad productiva en sí, la transformación de una materia prima en un subproducto de dicha materia, la base de todo. Para hacerlo es necesario el uso de un recurso y, en esta ecuación, la forma en la que consumimos este recurso es crucial. Para que exista sostenibilidad el consumo debe ser proporcional a la capacidad de regeneración, o el ritmo de consumo debe producirse de tal manera que nunca se agote la materia prima utilizada. Sin embargo, no todos los recursos que utilizamos se pueden regenerar en su totalidad. Esto nos llevaría a un planteamiento de medición de la sostenibilidad por grados.

Por ejemplo, los recursos biológicos pueden ser repuestos tanto por la actividad del hombre como por la propia naturaleza. Podemos reforestar bosques, limpiar aguas, crear granjas de diferentes animales y piscifactorías, pero con los recursos minerales debemos ser más cautos, porque la naturaleza no los regenera al mismo ritmo que los biológicos. Por ello es necesario aplicar políticas de reciclaje de materias primas y la búsqueda de otras materias que puedan ofrecer un grado mayor de sostenibilidad.

Una forma de determinar si un producto es más sostenible que otro, además de la huella de carbono y de la hídrica, consiste en tener en cuenta en qué medida una empresa aplica políticas de reciclaje y recuperación de los recursos empleados en la fabricación de dicho producto y cuán efectivas son dichas prácticas.

Para que un producto se considere sostenible, debe cumplir las siguientes características:

- **Ciclo de vida**. La sostenibilidad crea productos con un ciclo de vida completo y con cero impacto en el medioambiente. Todo el proceso a lo largo del ciclo de vida **es respetuoso**: cómo se obtienen las materias primas, cómo se tratan, la fabricación, la distribución, el uso y hasta la eliminación de los residuos.

- **Dualidad**. Los productos sostenibles tienen un doble enfoque, es decir, toman en cuenta el factor humano y el factor medioambiental. Así, un producto será sostenible cuando se respeten las condiciones de trabajo y los derechos humanos de las personas que lo fabrican y también el lugar de donde se extrae y crea.
- **Contribución positiva**. La producción sostenible tiene un impacto global, promueve el comercio justo y ayuda a las sociedades que participan en ella, ofreciéndoles crecimiento socioeconómico y mejorando su calidad de vida. La sostenibilidad consiste en un trabajo con objetivos positivos en todo el planeta.
- **Satisfacción de las necesidades.** El propósito de cualquier producto es satisfacer las necesidades de las personas. En el mercado hay muchos artículos que sirven para lo mismo. Sin embargo, los productos sostenibles no solo satisfacen las necesidades de quienes los compran, sino que también satisfacen indirectamente a las personas que han hecho posible ese producto y al medioambiente.

Bajo este planteamiento, tenemos que replantearnos si estamos utilizando adecuadamente la etiqueta de producto sostenible cuando la aplicamos a los vehículos eléctricos. Según la Union of Concerned Scientists, la fabricación de un vehículo eléctrico produce seis toneladas más de emisiones de gases de efecto invernadero que la fabricación de un vehículo de gasolina, pero durante toda su vida útil la huella de carbono total se reduce en un 53a%.

## Los tres pilares: medioambiente, sociedad y economía

Hemos visto cómo la sostenibilidad se apoya en tres pilares: la sostenibilidad ambiental, la social y la económica, que engloban las facetas de la actividad del ser humano y tienen un impacto directo e indirecto en el ecosistema en el que este habita, la Tierra.

El primer pilar, la sostenibilidad ambiental, contempla cómo proteger el medioambiente con actuaciones directas sobre el entorno, como por ejemplo la reforestación de bosques, la protección y repoblación de las especies animales o la recogida de plástico de los océanos. Llevamos demasiados años destruyendo el medioambiente mientras aplicamos acciones insuficientes de recuperación del entorno. También es necesario actuar en el medioambiente cuando este ha sufrido algún fenómeno natural destructivo como una sequía, una inundación o un terremoto. Está en nuestra mano ayudar a la recuperación del medioambiente después de sufrir alguna catástrofe natural.

El segundo pilar, la sostenibilidad social, se centra en el progreso como sociedad. Del mismo modo que no podemos seguir creciendo en un planeta cuyos recursos agotamos, no podemos crecer como sociedad explotando a las personas que la componen. La sociedad no puede crecer si su desarrollo se apoya en que parte de sus miembros sufran de desigualdad, no tengan protección sanitaria, no puedan acceder a la educación o estén por debajo del umbral de pobreza, sin una vida digna que les proporcione las mismas oportunidades que al resto de miembros de la sociedad.

Cuando nos referimos al término *sociedad*, estamos considerando la misma a una escala planetaria. No se puede afirmar que una sociedad avanza en sostenibilidad social si para ello sustenta su crecimiento en el detrimento de otra sociedad, en otro país, cuyos habitantes sufren desigualdades y viven en condiciones de precariedad.

Por último, el tercer pilar, la sostenibilidad económica, aborda los grandes retos de nuestro sistema económico a la hora de conseguir un desarrollo económico sostenible: reparto de la riqueza, creación de empleo y desarrollo de una economía circular, esta última orientada a la conservación del medioambiente.

Estos tres pilares no pueden abordarse por separado porque están interrelacionados. Un ejemplo lo encontramos en las soluciones de movilidad sostenible. Por un lado, una solución como el vehículo eléctrico mejora la huella de carbono, por lo que está incidiendo en la mejora del entorno, primer pilar (medioambien-

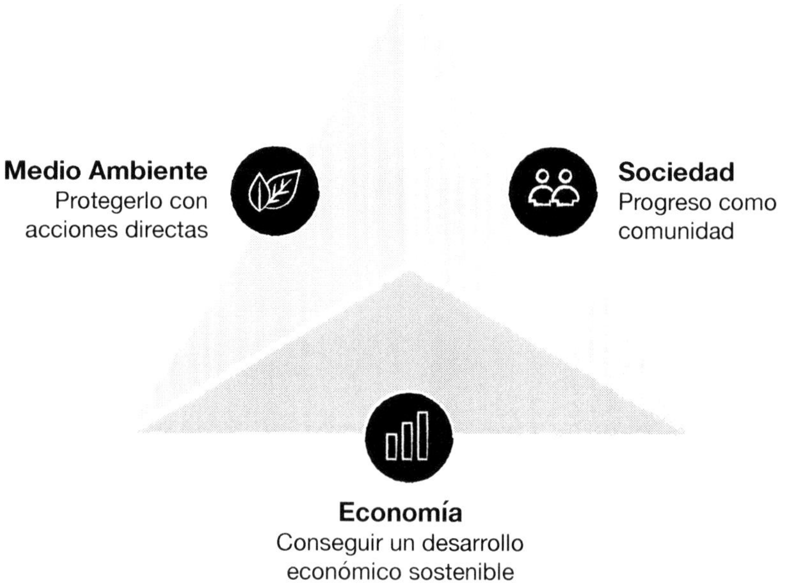


**Figura 1.** Los tres pilares de la sostenibilidad engloban las facetas de la actividad del ser humano y tienen un impacto directo e indirecto en el ecosistema en el que habita

te), pero al mismo tiempo está desarrollando una economía que generará millones de puestos de trabajo en el futuro, tercer pilar (economía), y si se acompaña este desarrollo económico con un reparto equitativo de salario y condiciones laborales dignas, trabajando con el entorno (asociaciones, fundaciones, vecinos...), también estaremos actuando sobre el segundo pilar (sociedad). Por ello, se requiere una actuación a escala global, porque todo está conectado.

Si un país contamina en exceso debido a una capacidad productiva desbordante, puede estar contribuyendo a la emisión de gases de efecto invernadero, perjudicando así el clima a nivel mundial, lo cual nos afecta a todos. Debido al carácter global de la sostenibilidad, las actuaciones que se lleven a cabo tendrán un efecto cuyos resultados se mostrarán paulatinamente a medio plazo y, algunos de ellos, a muy largo plazo. El objetivo es satisfacer nuestras necesidades del presente sin hipotecar las condiciones de vida de las generaciones futuras.

Debemos tener claro, pues, que la sostenibilidad conlleva un proceso de desaprendizaje para redescubrir nuevas formas de relacionarnos con nuestro entorno de manera que toda la actividad humana se rija por principios de protección y preservación del medioambiente. En este proceso de redefinir nuestros hábitos de consumo, nuestros métodos productivos o cómo nos relacionamos con la naturaleza, la tecnología se muestra como la gran aportadora de las soluciones más eficientes, por su capacidad para poder ponerlas en práctica con rapidez y reduciendo la huella de carbono.

## Sostenibilidad ambiental

El medioambiente se ve amenazado por la contaminación, los vertidos tóxicos y los fenómenos climáticos extremos, pero, según la comunidad científica, la mayor amenaza es el punto de no retorno, ese momento en el que, debido al abuso de la explotación de los recursos naturales y a la emisión incontrolada de gases de efecto invernadero, nuestro clima sufrirá una transformación donde las condiciones necesarias para la vida en nuestro planeta se verán seriamente dañadas para el ser humano como especie.

Los recursos de nuestro entorno no son ilimitados. Por ello es vital que transformemos aquellos hábitos más perjudiciales para el medioambiente y adoptemos unos nuevos más respetuosos con el entorno.

### Consumo

Uno de nuestros peores hábitos es la forma en la que basamos nuestras decisiones relacionadas con la compra diaria y esporádica. El modelo que ha regido durante el siglo XX, y que aún perdura, es el de «usar-tirar-comprar», un modelo condenado a agotar los recursos del planeta. Como respuesta al mismo ha surgido una propuesta que persigue cambiar nuestros valores, nuestra forma de pensar y, ante todo, nuestra forma de consumir. Este nuevo paradigma se basa en las tres erres: reciclar, reparar, reutilizar. Es decir, si algo no se puede reciclar, reparar o reutilizar, no debería ser producido. Así se protegen los recursos y, además, se impulsa una transformación de los valores sociales que deriva en el rechazo de todo aquello que no cumple esta regla.

De las tres erres, la que conlleva una dificultad de aceptación mayor es la de reparar. El coste económico y el tiempo invertido en llevar el producto al punto de reparación se convierten en frenos para la adopción de esta práctica, que queda limitada a aquello que uno mismo puede arreglar con sus propios medios en casa. Afortunadamente, tengo mejores noticias para las otras dos erres.

## Reciclaje

En casa, en la calle, casi por todos lados. Los contenedores de reciclaje ya forman parte de la vida cotidiana y el paisaje de la ciudad. Estamos acostumbrados a reciclar envases, papel y cartón y, en ese aspecto, España se encuentra en el sexto puesto a nivel europeo. Según datos de Ecoembes, organización medioambiental sin ánimo de lucro, en España se reciclan aproximadamente el 80 % de los envases de plástico, latas, briks y envases de papel y cartón, y, por lo que se refiere a residuos urbanos, según datos de 2018, la cifra es del 29 %. Hay camino, sobre todo en este último ámbito.

Y es que el reciclaje ha de ir más allá de los envases y desechos orgánicos que generamos en nuestros hogares. Se ha de extender esta cultura del reaprovechamiento a todas las demás áreas del consumo, como electrodomésticos, automóviles, muebles o ropa. También en el mundo de la movilidad el cambio es posible. De primeras suena a «más caro» producir vehículos que sean reparables que los *low-cost*. Te sorprendería saber que es posible diseñar y producir vehículos reparables por el mismo precio de un *low-cost*, y, en algunos casos, incluso por menos dinero. La balanza se puede equilibrar y en Reby lo hemos conseguido, diseñando y fabricando vehículos 100 % reparables, duraderos y a un coste altamente competitivo. Déjame de momento no decir nada más. Me lo guardo para dentro de unos capítulos, pero quédate con la idea: se puede.

## Reutilización

La crisis económica de 2008 trajo consigo el revivir de los mercados de segunda mano. Además de los ya tradicionales, varias iniciativas de mercados *pop-up* en un tono más festivo, como el mercado Lost&Found en Barcelona, y la aparición de numerosas aplicaciones móviles de compraventa de ropa usada, como Vinted, Pinkiz o Vestiaire Collective, han ayudado a la rápida divulgación y aceptación del concepto de reutilización o aprovechamiento de la ropa usada. La reutilización, además, llega a otros ámbitos como la tecnología, los muebles..., mediante plataformas hoy ya conocidas por todo el mundo como Wallapop o Letgo. Creo que no hay quien pare esta tendencia. Quieres algo, lo quieres ya, y lo puedes tener más barato haciéndole un favor al que lo vende, porque se lo quita de encima ya que le ocupa espacio, y además recupera parte del coste que le supuso.

Seguir esta filosofía, de una forma u otra, está en la agenda de las grandes empresas. Apple, por ejemplo, ya trabaja duramente para que sus productos sigan la teoría de las tres erres y, aunque esto está lejos de ser una realidad, es una demostración de un empeño por que las cosas sucedan. La importancia de la sostenibilidad no concierne solo al producto: Dinamarca, Finlandia, Noruega o Suecia son algunos de los países nórdicos que han vivido el *boom* de empresas, principalmente estadounidenses, que han abierto en su territorio centros de datos. Las razones son varias, pero se sustentan en tres puntos: la necesidad de menos energía por las bajas temperaturas, su bajo precio y que es renovable.

Este camino lo abrió Google. La compañía fundada por Serguéi Brin y Larry Page fue la pionera en 2009 al comprar una vieja fábrica de papel en Hamina, Finlandia, la cual es hoy en día uno de sus centros de datos más importantes. Más tarde, en 2011, Facebook también se instaló cerca del Círculo Polar, concretamente en Luleå, Suecia. La experiencia fue positiva y la empresa de Mark Zuckerberg ha abierto otros centros de mayor tamaño en Dinamarca.

Apple no se podía tampoco quedar al margen del movimiento, y en 2015 anunció la construcción de un centro en Viborg, también en Dinamarca. Siguiendo esta lógica medioambiental, dicho centro de datos es operado únicamente con energía eólica de un parque marino y por energía hidroeléctrica importada de Noruega, pero yendo un poco más allá: el calor excedente generado por los servidores se usa para un sistema de calefacción conectado a una ciudad de la zona, calentando así varias casas día y noche.

## Sostenibilidad social

La sostenibilidad social busca promover el desarrollo social con el objeto de alcanzar niveles satisfactorios en la calidad de vida, la sanidad y la educación, derribando las barreras económicas que las limitan. Entre sus principales áreas de actuación se encuentra la erradicación de la pobreza y el hambre, así como el acceso al agua y al saneamiento para poder garantizar una vida saludable. Tendemos a pensar que todas estas actuaciones solo las deben de necesitar los países subdesarrollados, pero los datos nos revelan que tenemos el problema más cerca de lo que parece.

Un estudio realizado por el Instituto Nacional de Estadística (INE) español, la Encuesta de Condiciones de Vida (ECV) de 2018, revela que el 21,5% de la población en España está en riesgo de pobreza o exclusión social, lo cual afecta al 26,2% de los menores de 16 años. Según publica en su web española Save the Children, 2,2 millones de niños y niñas en España están en riesgo de pobreza y exclusión social.

Otro dato que revela la ECV es la relación entre la pobreza y el nivel de educación. El 33,8% de los situados en la tasa de pobreza solo habían cursado enseñanza secundaria, mientras que solo constituían un 12,6% los que habían estudiado educación superior. Estoy convencido de que, si omitiéramos el país y te preguntáramos de dónde son estas cifras, no las relacionarías con España. Pero sí. Son de aquí. Por este motivo es necesario desarrollar oportunidades a través de una educación inclusiva y del trabajo digno.

Para poder llevar las actuaciones en sostenibilidad social hasta las personas en riesgo de exclusión social, es clave la colaboración de las administraciones locales e internacionales junto con la cooperación de organizaciones no gubernamentales (ONG), porque estas realizan una labor de contacto directo con las personas necesitadas con el fin de orientarlas y guiarlas en el acceso a los recursos destinados para ellas.

Estas ayudas se deben coordinar a nivel global y ejecutar a nivel local para que todas las sociedades avancen al mismo tiempo, centrándose en facilitar el acceso a los recursos necesarios para que estas personas puedan abandonar el umbral de la pobreza y disfrutar así de una calidad de vida digna. Además de facilitar el acceso a servicios básicos como el agua o la comida, también se realizan acciones que van desde ofrecer una educación inclusiva a la reducción las desigualdades, especialmente por cuestiones de género. En este sentido, en Reby hemos implementado un Plan de Igualdad por propia iniciativa, y perseguimos el objetivo de conseguir paridad entre hombres y mujeres en nuestro equipo. Paso a paso, poco a poco, en un camino larguísimo.

Es necesario que, cada vez más, las empresas adopten medidas de este tipo. La exigencia de paridad en el género debería ser un requisito por ley, por lo menos durante unos cuantos años, hasta que la sociedad se dé cuenta de la discriminación implícita. Vivimos rodeados de prejuicios que implican una discriminación de facto. Por ejemplo, en el sector del que yo provengo, el tecnológico, tradicionalmente se ha argumentado que los equipos de ingeniería estaban formados principalmente por hombres porque no existían suficientes mujeres que estudiasen ingeniería. Según Elena Navarro, embajadora del proyecto Mujer e Ingeniería de la UCLM, «en el caso de Informática son menos del 12% el porcentaje de mujeres que actualmente estudian esta ingeniería». Es trabajo de todos, pues, revertir la situación y hacer de la paridad una realidad. Cambiemos las reglas.

## Sostenibilidad económica

El objetivo del tercer pilar es promover el desarrollo económico para que genere un crecimiento que aporte las mismas oportunidades a todos los países de forma equitativa para todas las sociedades y sin perjudicar el medioambiente.

El mayor objetivo que se está afrontando en este momento es el desarrollo de una economía circular. La economía circular consiste en reducir tanto la utilización de los materiales vírgenes como la creación de desechos por el uso o la producción de los productos creados, cerrando así los círculos de los flujos económicos y ecológicos de las materias y recursos utilizados.

Algunos ejemplos de proyectos de economía circular los podemos encontrar en empresas cuya actividad va desde reciclar materiales varios hasta aprovechar los desechos de otras empresas:

- Heritage Acre Foods es una empresa de alimentación que ha decidido aprovechar los residuos y los desechos de los cerdos para hacer un biocombustible que a su vez alimente sus instalaciones.
- Ecovative Design, del mismo modo que la anterior, toma el desecho de las granjas para hacer materiales biodegradables destinados al diseño de sus productos.
- Miniwiz es una empresa taiwanesa que transforma la basura de los dispositivos electrónicos y arquitectónicos en materiales para la construcción.
- Recompute crea ordenadores con materiales ecológicos, reduciendo la cantidad de material que precisaría un ordenador estándar y reemplazando la carcasa de metal por cartón reciclado.
- A++Led Geeni es una empresa con un modelo de negocio sostenible. Son los creadores de Light & Life, unas

bombillas LED que se adaptan al entorno y que no tienen obsolescencia programada.
- Ikea ha llevado a cabo una iniciativa en algunas de sus tiendas encaminada a crear una comunidad de clientes que se ayude para reparar y reciclar los muebles y así evitar tener que lanzarlos a un contenedor.

También podemos considerar algunas iniciativas de reciclaje dentro de la economía circular porque retiran material de los canales de desecho y le dan una segunda vida. Algunos ejemplos son:

- Ecozap: fabrican zapatos ecológicos usando únicamente materiales reciclados.
- Ecoalf: reciclan materiales plásticos con los que crean un material de hilo para manufacturar ropa y accesorios de moda.

Personalmente, y en este contexto, me gusta especialmente el caso de la marca de ropa Patagonia. El concepto que se halla en el centro del negocio de Patagonia es fabricar, reparar y reciclar productos para que duren toda la vida. Esto es, aplicar así los principios de la economía circular a la moda. Patagonia aplica estos principios pensando cuidadosamente en cada paso del proceso: «Es realmente asumir la responsabilidad sobre el producto de inicio a fin», explica Rose Marcario, actual CEO.

Al diseñar productos duraderos que pueden ser reparados, Patagonia se asegura que las prendas se usen el mayor tiempo posible, algo que la marca fomenta al ofrecer una garantía de por vida para todos sus productos. Si ya no puede repararse, Patagonia lo recicla y reembolsa al cliente con vales de regalo por el valor del artículo. Patagonia también ha reducido su impacto ambiental en lo que al abastecimiento se refiere. En 1993, la empresa ideó un material hecho de botellas de plástico, y luego compartió sus conocimientos con otras empresas en un intento de fomentar el uso del textil reciclado.

«Vivimos en un mundo en el que habrá menos recursos y no siempre existirá una riqueza de materiales vírgenes. Por lo tanto, hay que empezar a trabajar ahora para averiguar cómo se van a abordar esas cuestiones como marca», dice Marcario. «Si un producto está totalmente desgastado, lo recuperamos y reciclamos. Si necesita ser reparado, sabemos cómo hacerlo. Si se puede revender pero el cliente no lo quiere, hay un mecanismo para hacerlo», añade. «Nosotros nos comprometemos con nuestros clientes porque es una relación. Necesitan entender que, como marca, estamos comprometidos con esta responsabilidad sobre el producto de inicio a fin y les ayudaremos en cada etapa del proceso.» El modelo de negocio circular de Patagonia es algo de lo que muchas empresas de moda pueden aprender.

Desde la publicación del *Informe Brundtland*, la comunidad internacional ha llevado a cabo diferentes reuniones para elaborar planes de acción e ir reemplazando el sistema económico tradicional por otro más sostenible. La primera gran conferencia por la sostenibilidad se convocó en 1992 bajo el nombre de Cumbre de la Tierra de Río de Janeiro, Brasil, donde se elaboró el Programa 21, evocando con el nombre la necesidad de una transformación urgente para el siglo XXI.

El siguiente encuentro tuvo lugar 10 años después, en 2002, en la llamada Cumbre Mundial sobre el Desarrollo Sostenible, donde se aprobó el Plan de Aplicación de Johannesburgo, que se caracterizó por un enfoque más personalizado para cada necesidad, con relación a las cuales se definían acciones específicas con objetivos concretos para todos los países participantes.

En el año 2012, la cumbre se volvió a trasladar a Río de Janeiro bajo el nombre de Rio+20, con el objetivo de realizar un seguimiento y control de los objetivos establecidos y definir nuevos planes de actuación.

Solo 3 años después, Naciones Unidas presentó la Agenda 2030, que define los 17 Objetivos para el Desarrollo Sostenible que se deberían alcanzar tomando como fecha límite el año 2030. La última reunión celebrada antes de la publicación de este libro se produjo el 23 de septiembre de 2019 en la llamada Cumbre sobre la Acción Climática ONU 2019, con el objetivo de definir un plan de acción para reducir las emisiones de los gases de efecto invernadero.

Afortunadamente, los ciudadanos de todo el mundo están cobrando conciencia y exigiendo un cambio en gobiernos y empresas. Cada vez hay más consumidores ecológicamente responsables que rechazan las marcas que no son sostenibles y premian a las que son. En la medida en que cada vez sean más las empresas que decidan satisfacer a estos clientes, la sociedad crecerá y será entonces cuando estaremos en condiciones de redefinir por fin toda la economía actual, basada en el concepto de comprar-usar-tirar, en función de una economía circular. Aquí está la verdadera oportunidad.

## Un futuro eléctrico

Estoy hablando de sostenibilidad, pero no podemos olvidar, y más en el tema que nos ocupa, que, si no se descubre otra fuente de energía menos contaminante y más eficiente, el futuro será eléctrico y toda máquina del planeta deberá abandonar el consumo de energías fósiles derivadas del petróleo y del carbón para adoptar la electricidad. Este proceso de transformación del modelo de consumo energético se verá favorecido por futuros avances en la creación de sistemas más eficientes de producción y almacenamiento de la energía eléctrica, como lo será la aplicación de superconductores en las placas solares y los circuitos eléctricos.

En este sentido, se va avanzando a buen ritmo. En diciembre de 2018, un vehículo equipado con placas fotovoltaicas fabricado por estudiantes de la Universidad de Nueva Gales del Sur, Australia, recorrió 4.000 kilómetros con una carga inicial de batería equivalente a 50 dólares. Parece claro: en el futuro, todos los vehículos serán propulsados por algún tipo de energía renovable.

La industria «tradicional» del motor lo sabe. El propio John Elkann, al que he mencionado anteriormente, presidente de la compañía de automoción Fiat Chrysler Automobiles (que posee las marcas Abarth, Alfa Romeo, Chrysler, Dodge, Jeep, Fiat, Fiat Professional, Lancia, Maserati, Mopar y Ram), afirma que «estamos al comienzo de un emocionante viaje que está reinventando el automóvil y los próximos años serán cruciales para remodelar nuestro sector en torno a tres pilares: vehículos impulsados por energía alternativa, conducción autónoma y conectividad». Me siento especialmente orgulloso, a la vez que afortunado, de que Elkann sea uno de los principales inversores de Reby.

Elkann considera que la industria de la automoción que sea pionera en el desarrollo y aplicación de tecnologías limpias y atractivas, con productos innovadores y soluciones de vanguardia, será la ganadora de esta nueva movilidad. «Hay que aspirar a ser un grupo líder en movilidad sostenible, capaz de aprovechar las oportunidades de una nueva era. Como tantos otros fabricantes, aspiramos a ser un grupo líder en movilidad sostenible, capaz de aprovechar las oportunidades de una nueva era.»

También los nuevos en el sector, como Uber, están trabajando en este sentido. Así, en Londres han implementado una «tarifa de aire limpio», que se añade al precio de cada trayecto, para hacer un fondo que permita a los conductores disponer de vehículos eléctricos.

Es así. Lo estamos viendo. Lo exige el planeta y lo exigen las nuevas generaciones, conscientes de que solo tenemos un mundo y de que el calentamiento global es una amenaza real para el bienestar, la diversidad de especies y paisajes e incluso la supervivencia del mundo tal y como lo conocemos.

Aquí se abre también un debate sobre la generación de esa energía limpia que vendrá necesariamente marcada por la electrificación de la movilidad. Es un destino que conocemos y compartimos los ciudadanos, pese a la fortaleza de los sectores energéticos que han marcado la movilidad a lo largo de más de un siglo y que siguen marcando la pauta. Empecemos a recorrer este camino sin complejos, porque es la única manera de alcanzar ese destino y ya vamos un poco tarde.

## La transformación empresarial

No hablamos solo de cambios en una industria. Supongo que ya te habrás dado cuenta de que es algo global, que alcanza a toda la sociedad y a toda la economía. Y, por ejemplo, las grandes empresas de energía tienen mucho que decir. Dada su posición de poder en el mercado, estas podrán desarrollar o adquirir las nuevas tecnologías que se están desarrollando, no solo en movilidad, sino también en soluciones energéticas para la industria. Hablo en futuro, pero es algo que ya sucede. Recientemente, Repsol ha comunicado que su crecimiento se ha visto frenado en 2019 por la inversión realizada para reducir las emisiones de $CO_2$ y cumplir el objetivo de cero emisiones para el año 2050. Si alguien tiene que cargar la batería de su vehículo, repostará energía en sus estaciones de servicio. Lo saben, lo quieren, y en ello están.

Paradójicamente, este cambio en sus estrategias se ha producido gracias al público y a la creciente concienciación social sobre la necesidad de utilizar energías cada vez más limpias ante la emergencia climática que estamos viviendo. Aunque, a priori, puede parecer que estamos en sus manos, los oligopolios energéticos saben que deben adaptarse a la demanda del mercado porque si ellos no lo hacen el mercado se puede fragmentar en un mar de empresas que ofrezcan soluciones cada vez más eficientes, accesibles y baratas, como las empresas fabricantes de patinetes eléctricos o ciclomotores eléctricos (también llamados *mopeds*).

Las empresas energéticas están tomando nota y todo apunta a que, tarde o temprano, deberán pivotar hacia algún punto de la cadena de suministro de la energía, bien sea hacia la fabricación de las soluciones, como placas fotovoltaicas o sistemas de recarga, o hacia la fabricación de los productos necesarios para almacenar dicha energía: baterías para coche, hogar, patinetes, ciclomotores eléctricos *(mopeds)* o cualquier otro dispositivo de movilidad.

Como he dicho en la introducción de este libro, soy cofundador de Reby, una empresa que fabrica y pone a disposición de todos los ciudadanos vehículos eléctricos de movilidad personal y uso compartido. Como tal, soy el primero en reconocer el esfuerzo de transformación que está llevando ya a cabo el sector energético convencional para atender a esta creciente demanda de una energía limpia. Estoy convencido de que quienes no lo hagan no solo se equivocarán y harán un flaco favor a las futuras generaciones, sino que no competirán en este nuevo mercado en el que la sostenibilidad es uno de los principales valores, por no decir el que cobrará mayor importancia.

El reto que tienen ante sí es titánico porque la revolución tecnológica está directamente relacionada con el consumo de energía. Por ejemplo, la aparición de sistemas de almacenamiento de energía fotovoltaica cada vez más accesibles apunta a que, en un futuro no muy lejano, los hogares se abastecerán de energías renovables sin depender de su conexión a una red de suministro de electricidad. Esto afectará dramáticamente a la facturación de estos oligopolios. Recientemente, hemos visto también la aparición de numerosas plataformas de compartición de vehículos que, sin duda, han debido de provocar algún tipo de impacto en el consumo de combustible.

Asimismo, plataformas de vehículos de transporte con conductor como Uber y Cabify, habituales en muchas ciudades, han anunciado su intención de incorporar a su flota vehículos eléctricos y sin conductor. Y no hay que olvidar las empresas de alquiler de motocicletas eléctricas o todas las empresas de reparto a domicilio en bicicleta, como Glovo o Deliveroo. La suma de todas estas iniciativas tiene como consecuencia la reducción del consumo de combustibles fósiles. En el futuro, tener un coche de gasolina estará tan mal visto como fumar o cazar.

## La importancia de la economía circular

Como estamos viendo, la sostenibilidad es mucho más que reciclar o pensar en el medioambiente de forma simple. Y aquí es donde entra en juego la economía circular, tema que he tocado tangencialmente al hablar de Patagonia. Como dice el Observatorio de la Sostenibilidad, «hablar de economía circular es hablar de economía que cierra los ciclos, de emitir menos gases de efecto invernadero, verter menos aguas contaminadas. Es hablar de economía desmaterializada, minimizar el uso de materiales y la producción de residuos, es hablar de reducción, recuperación, reutilización y reparación mucho antes que de reciclaje. Es generar empleo cerca de casa. Es reducir las cadenas de suministros, cerrar los ciclos de materiales, minimizar la utilización del suelo, el uso del agua, la energía, las afecciones sobre la biodiversidad. Es mantener el capital natural, cultural, humano. Es innovar». A esto trato de referirme: repensar la sostenibilidad y su alcance. A esto jugamos.

En los sistemas económicos clásicos existentes hasta hoy, los bienes se producen, utilizan y destruyen, una economía lineal en la que el flujo tiene un claro comienzo y final. Una economía circular funciona de manera muy diferente. Los productos y servicios en una economía circular están diseñados de tal manera que permiten su reutilización, ya sea en los ciclos biológicos o técnicos.

Todos los productos se fabrican de manera que puedan ser desmontados y los materiales descompuestos por la naturaleza o para ser devueltos a la cadena de producción. El material biológico, por lo tanto, consiste en alimentos no tóxicos y limpios, y los materiales técnicos están diseñados para ser un recurso utilizado industrialmente de nuevo. El objetivo es no tirar nada y reducir la necesidad de adquirir nuevos productos básicos, mientras la producción y el transporte usan energía renovable.

De esta forma, la economía circular es una forma marcadamente diferente de hacer negocios, obligando a las empresas a replantearse todo, desde cómo diseñar y fabricar productos hasta sus relaciones con los clientes.

El cambio es un desafío, pero también trae nuevas oportunidades en la infraestructura, la energía y la producción para hacerlas encajar en el modelo de economía circular. Al final, se trata de pensar y diseñar de forma sostenible y utilizar la economía circular para construir un futuro mejor.

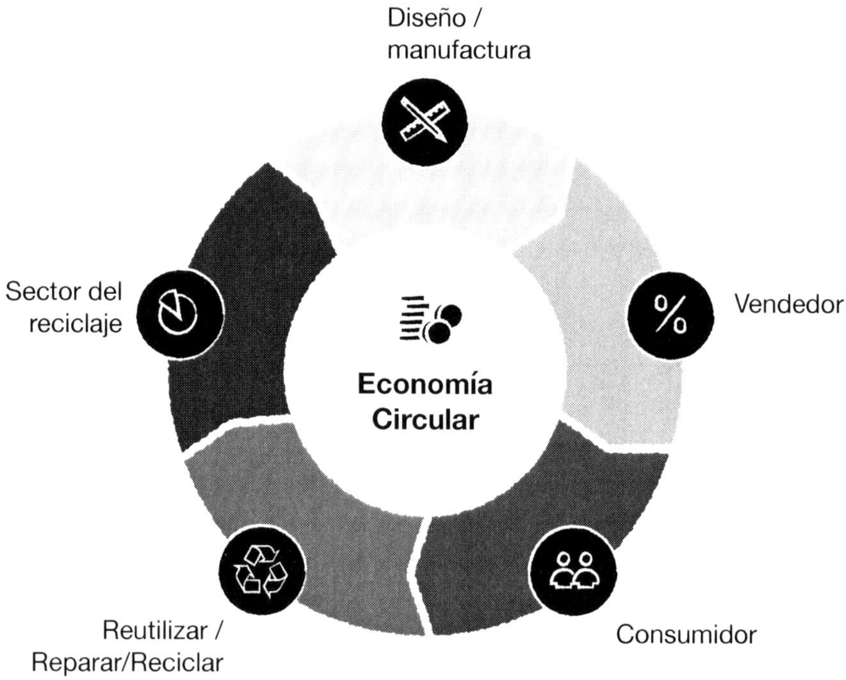


**Figura 2.** La economía circular elimina la generación de residuos y supone un cambio de paradigma

## «Slow vs. Fast»

Todos estos cambios son siempre más lentos de lo esperado. El alto precio de las nuevas tecnologías, los hábitos arraigados y, sobre todo, los valores imperantes, son frenos para la modificación rápida de nuestro comportamiento. A menudo se comenta que el teléfono móvil es la innovación tecnológica que más rápido ha transformado la sociedad, ya que dicha transformación se mide a partir del momento en el que el teléfono móvil se comienza a consumir masivamente en la segunda mitad de la década de los 90.

Ahora bien, si consideramos el verdadero inicio de la teoría, que fue presentada en un trabajo para los laboratorios Bell realizado por Douglas H. Ring y donde aparece la descripción de un sistema celular, nos tenemos que remontar al año 1947. En definitiva, han tenido que pasar 50 años para que la tecnología fuese accesible para todo el mundo.

Todavía queda camino por recorrer en la transformación de nuestro sistema productivo actual en otro más sostenible. Como hemos visto, para ello es necesario un cambio, no solo en la tecnología, sino también en nuestro modelo de consumo. La producción en masa de productos agota los recursos, en muchos casos irremplazables.

Debemos ser cautos con el exceso de euforia que produce el consumo desmedido de tecnología. Del mismo modo que otras sustancias alucinógenas, la tecnología puede provocar una distorsión de la realidad.

# 2

# De la sociedad a las administraciones

> «El progreso es imposible sin cambios, y los que no pueden cambiar de opinión no pueden cambiar nada.»
>
> VIVIENNE WESTWOOD

En palabras de la reconocida activista medioambiental sueca Greta Thunberg, «la sostenibilidad no se alcanzará sin el compromiso de la sociedad y los órganos directivos de cada rincón del planeta». Las leyes y regulaciones que se desarrollen ayudarán a indicar el camino a seguir, pero de poco servirán si la sociedad no las acepta como la única forma de vivir en sintonía con nuestro planeta. Podemos tener vehículos eléctricos, pero si nos compramos uno nuevo sin necesidad alguna le estaremos haciendo un flaco favor al medioambiente.

El objetivo último de la sostenibilidad es eliminar la etiqueta de «sostenible» que diferencia entre los procesos y productos respetuosos con el medioambiente de los que no. Cuando toda actividad humana sea conducida bajo el criterio de la sostenibilidad, será inconcebible e ilegal hacerlo de forma diferente. La cuestión es: ¿cuándo alcanzaremos este grado de evolución de la mentalidad social?

Para ello es necesario estudiar en qué grado y de qué forma la sociedad y la administración pública son conscientes del problema y actúan en consecuencia.

## Una preocupación creciente

Existen diversos estudios que aportan luz al grado de preocupación actual por el medioambiente, pero en el caso de España destaca el estudio realizado por el CIS (Centro de Investigaciones Sociológicas) sobre la percepción de los principales problemas en nuestro país, porque recoge un histórico de datos desde el año 1985.

En la última encuesta antes de la Covid-19 (que ha transformado por completo la realidad), realizada en febrero de 2020, los problemas medioambientales se sitúan en la posición 15 con un alcance del 2,3% de la población que declara que el medioambiente está entre sus tres primeras preocupaciones. En principio puede parecer que no es un dato para ser optimistas, pero si observamos su evolución encontramos que hasta abril de 2019 se había mantenido de forma constante con un promedio por debajo del 1%, y durante el último año ha superado en seis meses el 2%, llegando hasta el 3,4% en enero de 2020. Esta tendencia creciente en el grado de preocupación dibuja una evolución ascendente hacia una sociedad con una mayor concienciación sobre el problema del medioambiente, algo que sucede también a nivel global.

Por ejemplo, en el *Informe de Riesgos Globales* publicado recientemente por el Foro Económico Mundial (World Economic Forum) observamos que, entre los 10 principales problemas que se espera que aumenten durante 2020, tres de ellos son medioambientales, ocupando la 3.ª, 4.ª y 10.ª posición. Hablamos de las olas de calor extremo (3.ª), la destrucción de ecosistemas naturales (4.ª) y los incendios incontrolables (10.ª). Del mismo modo, encontramos que las Naciones Unidas también priorizan los problemas por causas medioambientales y para afrontarlos han elaborado la Agenda 2030, que define 17 Objetivos para el Desarrollo Sostenible (ODS) para asegurar el progreso social y económico sostenible en todo el mundo.

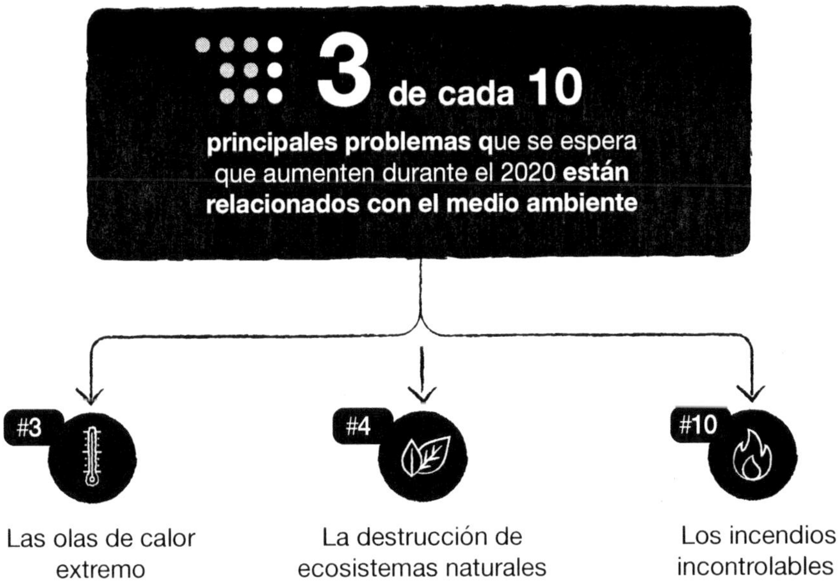


**Figura 3.** Informe de Riesgos Globales publicado en 2020 por el Foro de Economía Mundial (World Economic Forum)

Como podemos apreciar, a pesar de la creciente preocupación a nivel mundial por los problemas medioambientales, en España es un problema que se sitúa en la 15.ª posición, por detrás de otras preocupaciones tales como «el mal comportamiento de los/las políticos/as» en la 3.ª posición, «problemas políticos en general» en la 4.ª posición y «lo que hacen los partidos políticos» en la 8.ª posición.

Por esta razón la sostenibilidad debe ser liderada por la sociedad. Si la sociedad no pide a sus políticos la creación de planes de actuación para desarrollar políticas de acción, seguiremos a la cola en la aplicación de soluciones sostenibles. Es más, cada país, ciudad o pueblo requiere medidas concretas. Eva Franch, arquitecta licenciada en la Universitat Politècnica de Catalunya, que fue homenajeada el pasado verano como exalumna ilustre, explicaba en *La Vanguardia* (23/02/2020) que cuando dirigía Storefront for Art and Architecture lanzó la iniciativa Cartas al Alcalde, a la que se fueron sumando ciudades (Madrid y Barcelona incluidas) y en la que los arquitectos enviaban al alcalde de su ciudad misivas para ayudarle a identificar problemas y proponerle soluciones. Un ejemplo de que si lo que quieres es hacer políticas sociales, debes construirlas.

La arquitectura tiene como objetivo redefinir espacios, en términos legales, económicos, sociales, etc., a partir de la forma en que entendemos la propiedad, el urbanismo o el entorno público. La arquitectura no debe ser homogénea, sino «entender que en cada lugar los problemas requieren soluciones locales. Tenemos que plantearnos cómo son las ciudades en la era del Antropoceno. Cómo queremos que sean y proyectarlas pensando en los usuarios del futuro», remarcaba Franch.

Son muchos los organismos, públicos y privados, que están poniendo sobre la mesa los efectos que el uso de todo material supone y cómo afecta en todos los aspectos, desde la salud al medioambiente pasando por la economía y los parámetros a los que la legalidad pueda dar viabilidad. «No construimos solo pensando en ganar dinero, porque a la larga eso puede tener un efecto retroactivo e incluso trabas fiscales», expone Franch.

El objetivo es llevar a cabo edificios que permitan mantener sanos a sus residentes y al planeta, que puedan autoalimentarse con la luz o el viento, que sean autorreciclables incluso, que absorban el ruido. Y en este último aspecto, «la bicicleta y el patinete prometen ser el mejor camino a seguir y fomentar», expone Oriol Serrat, director del Área de Arquitectura de OUA, despacho con sede en Barcelona.

## Responsabilidad compartida: Greta y la Generación Z

Todos los cambios, si se quieren exitosos, deben ser transversales. Y es por esto que deben englobar a toda la sociedad para que, de este modo, la administración vea que realmente no es que sean necesarios, sino que son imprescindibles.

Me gusta el ejemplo y la visión sobre el papel de la mujer en esta «lucha» que expone Zaida Muxí, doctora en Arquitectura por la Escuela Técnica Superior de Arquitectura de Sevilla y profesora en la misma escuela. Muxí enfatiza que «estas cuestiones del cuidado de la naturaleza, del cuidado de los otros, del ahorro energético, son estrategias utilizadas por las mujeres desde tiempos inmemoriales. La recuperación de los espacios naturales ha sido liderada por las mujeres que se opusieron a las autopistas y se opusieron a los suburbios como espacio de enajenación».

En una época más reciente, encontramos otros ejemplos del rol de la mujer en la lucha por la defensa del medioambiente, como indica Zaida Muxí: «Entre las primeras críticas del modelo del suburbio, que es uno de los modelos que más han destrozado nuestro planeta, encontramos a Jane Jacobs o Betty Friedan en Estados Unidos. También en Norteamérica y en la misma época, finales de los 50 y comienzos de los 60 del siglo pasado, Rachel Carson, en el libro *Primavera Silenciosa*, denuncia que ya no hay pájaros porque los venenos utilizados, como el DDT para la agricultura, los han matado. Es también un aviso de que también nos pueden matar a nosotros. Sin embargo, tardamos más de 40 años en prohibir el uso de estos glifosatos, y otros, en algunos países, en otros se siguen usando».

«Rachel Carson también escribió, unos años antes de *Primavera Silenciosa*, un libro sobre los océanos donde ya anunciaba cómo estábamos usando los océanos como alcantarilla, como desguace, para tirar allí todo lo que no queremos ver en nuestro entorno, pero el océano es nuestro entorno y es nuestra fuente de vida», detalla Muxí.

En la actualidad, la preocupación por el medioambiente es un fenómeno global que se ha extendido a grandes grupos sociales y en el que encontramos diferentes comportamientos dependiendo de la generación de cada segmento de la sociedad. Para saber de qué forma está actuando cada grupo debemos observar qué acciones están llevando a cabo para aportar su granito de arena a la conservación del medioambiente. Como revela la encuesta realizada por el CIS mencionada anteriormente, no es lo mismo el grado de preocupación que el de implicación. No es lo mismo tener conocimiento de un problema que estar concienciado del problema.

En un estudio realizado por el MIT AgeLab sobre la sociedad estadounidense en el que se compara la preocupación por el medioambiente entre los *baby boomers* y la Generación X, por un lado, y los *millennials*, por otro, concluye que los *millennials* perciben que ellos están más preocupados por el medioambiente, en un 59,1%, que las generaciones anteriores, en un 57,3%. Ahora bien, hay que reiterar que no es lo mismo preocuparse por un problema que pasar a la acción. El mismo estudio refleja que los mayores, *baby boomers* y Generación X, declaran en un 68% haber hecho mucho más por el medioambiente que los *millennials*, con un 49%.

En otra encuesta realizada por el AgeLab se revela cómo las generaciones mayores en Estados Unidos están actuando a favor de políticas sostenibles: invirtiendo en empresas comprometidas con el medioambiente (ESG, por sus siglas en inglés: *Environmental, Social, Governance*). En los últimos 20 años, casi se ha duplicado esta inversión al crecer un 97% más el capital destinado a proyectos de empresas comprometidas con el medioambiente y con programas de responsabilidad social corporativa.

Por último, otro estudio realizado por el Bureau of Labour Statistics revela cómo *baby boomers* y Generación X participan activamente en voluntariados para realizar labores como la limpieza de los márgenes de ríos, el rescate de tortugas o la limpieza del plumaje de aves impregnadas en petróleo. Lógicamente, *baby boomers* y Generación X tienen mayores recursos económicos y mayor disponibilidad de tiempo que los más jóvenes, y por ello pueden participar activamente invirtiendo en proyectos sostenibles y realizando voluntariados de protección del medioambiente.

Afortunadamente, en los últimos años hemos visto cómo *millennials* y Generación Z se han alzado hasta conseguir llevar su voz a Naciones Unidas y a los foros internacionales más relevantes para la lucha contra el cambio climático. Su mayor exponente, Greta Thunberg, pertenece a una precoz generación que con sus acciones está realizando una labor de concienciación global que, sin duda, permitirá acelerar el incremento del compromiso de las sociedades por mejorar nuestros sistemas productivos y nuestros hábitos de consumo. En septiembre de 2019, estudiantes de más de 150 países se manifestaron para mostrar su apoyo a la lucha contra el cambio climático.

Cada vez más, encontramos numerosas iniciativas empresariales que producen alimentos o bienes en función de criterios de sostenibilidad que sin el apoyo económico por parte de la sociedad no podrían consolidarse en el mercado. Inicialmente, estos productos son más costosos y muchas personas no están dispuestas a pagar más, pero se podrán ofrecer a precios más económicos a medida que aumente su demanda.

El primer paso es tomar conciencia de la preocupación por el medioambiente; el siguiente, actuar.

## El papel de la administración pública

Al explicar mi visión inicial del negocio de la movilidad en el momento de crear Reby, escribía que «la movilidad urbana de uso compartido será necesariamente regulada».

Esta afirmación no es solo una visión o una opinión. Encuentra su fundamento en la máxima autoridad reguladora y veladora de la competencia y el mercado en España, la CNMC. Las opiniones de esta autoridad independiente están fuera de cualquier sesgo intervencionista, pues su punto de partida en el momento de evaluar cualquier intervención pública es siempre que «el mercado debe ser el mecanismo responsable ordinario de la asignación de recursos. Así, garantiza cotas máximas de bienestar y eficiencia desde tres puntos de vista:

1. eficiencia asignativa, ya que los recursos fluyen allá donde son más valiosos,
2. eficiencia productiva, pues las empresas utilizan la tecnología más eficiente,
3. eficiencia dinámica, por cuanto los agentes tienen los incentivos adecuados para la búsqueda continua de la eficiencia, ya que aquellos que no utilicen los recursos de manera eficiente serán expulsados del mercado».

No obstante, esta misma autoridad reconoce que cualquier intervención pública, en nuestro caso, sea o no en forma de una regulación contenida en una Ordenanza local de movilidad o una subvención o en una ordenanza fiscal que establece una tasa por ocupación a las empresas de *sharing*, o una bonificación en el impuesto de circulación para vehículos 0 emisiones, puede encontrarse totalmente justificada cuando hayan fallos del mercado, es decir, situaciones donde el mercado deja de ser necesariamente el mecanismo óptimo para la asignación de los recursos, o la necesidad de la búsqueda de otros objetivos como la redistribución de la riqueza o la consecución de fines no económicos.

Ciertamente, la movilidad genera hoy en día externalidades negativas como la contaminación, que comporta un coste que sufre la sociedad y que la regulación debe ayudar a que se internalice de forma que pague ese coste quien lo genera, en virtud del principio «quien contamina paga». Pero, en algunos casos, también puede generar otras externalidades positivas, como puede ser toda la innovación que empresas como la nuestra está generando gracias a su inversión en I+D, lo que justifica, en opinión de la propia CNMC, que se creen líneas de ayudas públicas a la movilidad eléctrica, como el PLAN MOVES, financiado por el Estado y gestionado por las Comunidades Autónomas.

El negocio de la movilidad compartida supone un uso especial de la vía pública, ya que es el lugar por donde circulan y estacionan los vehículos eléctricos, condición previa e indispensable para el ejercicio de la actividad. Como destaca la propia CNMC, estos bienes tienden a ser infraprovistos por el mercado, por lo que normalmente su provisión y mantenimiento está garantizado por parte del sector público, ya sea a través del ejercicio de la competencia local sobre la vía pública (competencia reconocida expresamente por la legislación local desde el siglo XIX) o fomentando o exigiendo la provisión a los entes privados (muchos ayuntamientos en sus regulaciones exigen a los operadores sufragar el coste de colocar dispositivos, las llamadas U invertidas, para la sujeción de sus vehículos cuando estén estacionados en la vía pública).

Por último, en el negocio de la movilidad compartida, se da un escenario de rendimientos crecientes, es decir, un contexto en el que es más eficiente concentrar la producción en unas pocas empresas (o incluso en una) porque hay altos costes fijos, y los costes medios tienden a disminuir con el volumen de producción. En estos contextos (llamados monopolio natural), la CNMC reconoce que las empresas tienden a no comportarse de manera competitiva, perjudicando al bienestar del consumidor con precios más altos y menor producción. Así, la regulación pública pretende garantizar una producción adecuada que se refleja en un número predeterminado de licencias y operadores para garantizar un precio razonable.

El «arte de regulación» es como el arte japonés del origami: necesita de una precisión y conocimiento (en nuestro caso, del negocio y de las necesidades concretas de una ciudad) que todavía muchos municipios no tienen. Por eso, desde Reby siempre nos hemos mostrado proclives a compartir y poner en común nuestro conocimiento con las entidades locales. Somos conscientes que no es tarea fácil diseñar una regulación (ya sea cuando se aprueba una ordenanza que regula el *sharing* de vehículos eléctricos o los pliegos de una licitación para otorgar licencias sobre el dominio público) que consiga de forma efectiva la corrección de fallos del mercado y que evite o minimice las distorsiones adicionales o desproporcionadas que la propia regulación pudiera contener.

La participación activa de la Administraciones Públicas en el desarrollo de una normativa aparece recogida de manera implícita en la Agenda 2030 de Naciones Unidas al definir los 17 Objetivos para el Desarrollo Sostenible (ODS), donde la sostenibilidad abarca su acepción más amplia, extendiéndola más allá de la aplicación de políticas de protección del medioambiente.

Entre estos 17 objetivos hay dos que pueden ser abordados de forma coordinada por la administración local: el tercero, que persigue garantizar una vida sana y promover el bienestar para todos en todas las edades, y el decimoprimero, que habla de lograr que las ciudades y los asentamientos humanos sean inclusivos, seguros, resilientes y sostenibles. Este compromiso es inherente a la participación activa de la administración pública de cada país en el desarrollo de una normativa que proteja los derechos de las personas.

Daniel Mòdol, exconcejal de Arquitectura del Ayuntamiento de Barcelona en el mandato 2015-2019, explicaba las acciones emprendidas para la creación de vivienda social, así como las dificultades de su aplicación en entornos urbanos ya creados: «Diferenciaría entre dos tipos de herramientas urbanísticas que implementamos a lo largo de esos cuatro años. Las primeras, las derivadas de la emergencia habitacional en la ciudad, problema global que hace bueno el mensaje de que el urbanismo siempre llega tarde. Probablemente, pese a tener la mejor de las intenciones, no dimos con la herramienta adecuada para revertir una situación que muchos antojamos de crónica y sin solución. Una primera conclusión de este periodo es que el urbanismo es bueno planificando, regular gestionando y, seguramente, poco útil, por la falta de agilidad y de actualización de sus herramientas en la gestión de cualquier emergencia. La modificación de la regulación de la reserva de vivienda protegida al 30%, con una negociación política súper compleja, resultó un eslogan bonito que en la práctica ha suspendido la actividad de la promoción de viviendas en la ciudad. Las consecuencias son menos viviendas nuevas y/o rehabilitadas y pérdida de puestos de trabajo».

También detallaba las acciones llevadas a cabo sobre el denominado paisaje urbano: «Las segundas herramientas fundamentales son las de nueva creación, como la Carta del Paisaje Urbano, que abordan la complejidad de mantener y potenciar las identidades urbanas de la ciudad frente a las dinámicas globales de un franquiciado que empezó ocupando los bajos de nuestras calles y que ya se ha trasladado a nuestros espacios públicos. Fuimos pioneros en desarrollar una herramienta que nunca se había implementado en espacios urbanos, que habitualmente se desarrolla en ámbitos territoriales rurales, y que ha empezado a dar sus frutos: la protección patrimonial de los espacios públicos. Hasta ahora eran solo edificios, la consideración de diferentes grados y escalas urbanas como referentes de identidad a respetar en cualquier intervención que ha permitido desclasificar suelo o dejar de urbanizar la ciudad de un modo uniforme, prestando atención a la singularidad de sus identidades».

Para el exconcejal, la normativa, en algunas situaciones, puede restar agilidad en momentos de cambio a los hábitos de movilidad, pero es imprescindible para ordenar la transformación de los espacios urbanos: «Guarda mucha relación con lo que comentábamos sobre la poca agilidad de las ciudades para regular un problema sobrevenido. A modo de ejemplo, hoy estamos implementando carriles bici que se diseñaron hace diez años. Las necesidades de movilidad de la ciudad mutan a un ritmo vertiginoso».

Sin dejar el ejemplo de Barcelona, el mismo equipo de gobierno municipal que impulsó las supermanzanas ha mantenido su apuesta por primar en esa constante evolución de la movilidad un modelo amable con el peatón. Así lo explica Rosa Alarcón como doble responsable de la movilidad municipal y metropolitana: «Nuestro objetivo es reafirmar el modelo de movilidad sostenible, centrado en la movilidad activa y un transporte eficiente, seguro y de alta calidad: prioridad del transporte público, pacificación del espacio urbano para ir a pie o en bicicleta, plataformas de movilidad compartida, transición energética del transporte y disminución del uso del vehículo privado motorizado generador de congestión, saturación del espacio público, contaminación y ruido».

Alarcón reafirma la apuesta de la ciudad por incrementar el control sobre el espacio público para favorecer al peatón y dinamizar un modelo de movilidad que le resulte cómodo, tanto como usuario como en su condición de simple caminante. «La normativa para regular la concesión de permisos a las compañías de motos eléctricas de uso compartido y bicicletas del mismo tipo pretende ordenar el espacio público y proteger al peatón», señala. Porque en la formación y en la adaptación a los nuevos modelos de movilidad radica también el éxito de su implantación.

Todo lo que estamos comentando no es nada fácil. Recientemente hemos visto cómo Madrid y Barcelona han creado unas normativas municipales para restringir la circulación de vehículos en las llamadas ZBE o zonas de bajas emisiones, demostrando que la administración tiene el poder de incidir con rapidez en mejoras medioambientales. En el 2020 post-Covid, cuando escribo estas líneas, siento que es importante elogiar el trabajo del actual consistorio de Barcelona, de sus regidoras Janet Sanz y Rosa Alarcón, pero también de todo el elenco de concejales y concejalas que, de la mano de asociaciones, vecinas y vecinos han hecho de la ZBE una realidad. Me encanta que Barcelona sea una ciudad donde existen políticos «atrevidos», buenos gestores, que realmente apuestan por una victoria a medio plazo, luchando por lo que creen, afrontando críticas de la oposición todos los días. Esto pasa también, por ejemplo, en Valencia. Giuseppe Grezzi es, probablemente hoy, el concejal de Movilidad más conocido de España. Ha logrado multiplicar el número de ciclistas, consiguiendo que Valencia sea la segunda ciudad de España donde más se usa la bicicleta. Junto a Sevilla, ambas se encuentran a la cabeza de las 17 ciudades españolas encuestadas donde más uso se hace de la bicicleta, con un 21% y un 16%, respectivamente, según se desprende de la V Radiografía de los Hábitos de Movilidad de los Españoles, realizada por el Foro de Movilidad de Alphabet.

El éxito de las distintas experiencias tiene un efecto mariposa. Madrid está también desempolvando un proyecto parecido al de las supermanzanas: el Proyecto Madrid Centro. La iniciativa, elaborada en 2010, quiere cambiar por completo el centro de Madrid para dividirlo en supermanzanas, algo que ha sido planteado después de los cambios vividos por la Covid-19. «Cuando hemos salido tras la cuarentena, donde el coche era inútil, hemos visto mucho asfalto vacío y aceras exiguas y ridículas. Eso nos ha hecho cambiar la conciencia: el espacio compartido en la ciudad debe rediseñarse», explica el arquitecto José María Ezquiaga, Premio Nacional de Urbanismo, en un reportaje que publicó *El País* el 27 de junio de 2020.

El plan va mucho más allá de Madrid Central: si el área de tráfico restringido ocupa 4,7 kilómetros cuadrados, esta idea se extendería a lo largo de 50,7. De hecho, se dice que ya se estudia empezar a finales de año con una experiencia piloto en los distritos de Salamanca o Retiro. Y no pienses que es algo de España: se han hecho supermanzanas también en Quito (Ecuador), Buenos Aires (Argentina) y Vancouver (Canadá), y se están estudiando en Nueva York.

A menudo nos quejamos de que las ciudades no tienen competencias para hacer frente a los retos más importantes, como el de la vivienda. En cuanto a la sostenibilidad, ocurre un poco lo contrario: las ciudades son competentes, pero sus límites municipales se quedan muy pequeños para hacer frente a problemas como el cambio climático o la calidad del aire.

Es por este motivo que la clave del futuro es el desarrollo de transportes unipersonales sobre plataformas públicas, a ser posible ya existentes, y el transporte intermodal, combinación de privado y público en lo que se conoce como *Mobility-as-a-Service* (MaaS). De esta forma se evita depender de los horarios de un tren o un autobús, las aglomeraciones y transbordos para llegar a nuestro destino.

El Mobility as a Service (MaaS) es la integración de varias formas de servicios de transporte en un único servicio de movilidad accesible bajo demanda. Para satisfacer las demandas de los usuarios, un operador de MaaS facilita distintas opciones de transporte, ya sea público, de uso compartido o una combinación de ambos. Un MaaS, así, ofrece un valor agregado mediante el uso de una sola aplicación para proporcionar acceso a la movilidad, con un solo canal de pago en lugar de múltiples aplicaciones y operaciones de pago.

Un MaaS también trae nuevos modelos de negocio y formas de organizar y operar las diversas opciones de transporte, con ventajas para los operadores de transporte como el acceso a información mejorada de los usuarios, sus necesidades y nuevas oportunidades de atender la demanda insatisfecha. Pero ya hablaré de esto más adelante.

## Buscando la colaboración público-privada

En los momentos en los que vivimos, el gasto del Estado en innovación tiende a evaluarse de forma totalmente errónea. En general se sigue un método estático coste-beneficio para evaluar algo —la innovación— que es dinámico. Esto va de la mano con el hecho de que demasiadas veces se ve al Estado de una forma paternalista, alguien que encarna la versión ineficiente del sector privado. Esto puede llevar a pensar que si un gobierno invierte en investigación lo que hace es alejar los actores privados. Y no es así: la realidad es que los incentiva.

Pero lo más importante es que estas inversiones no solo deben servir para ayudar a la inversión privada, sino que tienen que ir encaminadas a hacer realidad proyectos y cambios que aún no se han dado. Y el ejemplo más claro está en la carrera espacial y la NASA. El gobierno americano invirtió en su desarrollo, abrió las puertas y, justamente en 2020, ha visto cómo una empresa privada, SpaceX, le «tomaba el relevo» y era el primer actor privado en ir al espacio. De lo público a lo privado.

La teoría está muy bien, pero ¿cuál es el peligro? Que los beneficios se privatizen. La idea sería, pues, crear una innovación público-privada.

Una cosa ha de quedar clara: si se quiere que el gobierno tome riesgos, se debe asumir que puede fracasar, y esto implica socializar no solo los riesgos, sino también los beneficios. Ahora mismo, por ejemplo, si la administración pública te concede un préstamo y la empresa va bien, esta lo devuelve y la relación termina. En cambio, si va mal, simplemente no se devuelve. Hay un ejemplo muy claro relacionado con el mundo de los vehículos eléctricos que recoge el libro que mencioné en la introducción, *The Entrepreneurial State: Debunking Public vs. Private Sector Myths*, de Mariana Mazzucato. En 2009, el gobierno de los Estados Unidos concedió un préstamo garantizado de 535 millones de dólares a Solyndra, una empresa que fabricaba techos solares. Ese mismo año le concedió a Tesla otro de 465 millones. Tesla lo pudo devolver íntegramente en 2013. Solyndra se declaró en quiebra en 2011, y el dinero de su crédito se perdió. Si se hubiera podido socializar la parte proporcional del crédito concedido a Tesla, con su valoración actual, se podría haber recuperado la parte del préstamo de Solyndra. ¿Es el camino? Si queremos que la administración se arriesgue, se le debe también hacer partícipe de los beneficios.

El año en que Tesla recibió su préstamo, la empresa salió a bolsa con un precio de 17 dólares por acción, que eran 93 dólares al devolverlo. En 2013 el precio ya había subido a 200, lo que supondría que la inversión inicial de 465 millones de dólares se habría convertido en 5,5 billones, una cifra nada desedeñable que le habría servido para invertir en otras *startups*. La idea no es que el Estado tenga una participación mayoritaria, sino una participación en forma de acciones preferentes que le otorguen una prioridad en el cobro de dividendos y que con estos se pueda financiar la inversión futura.

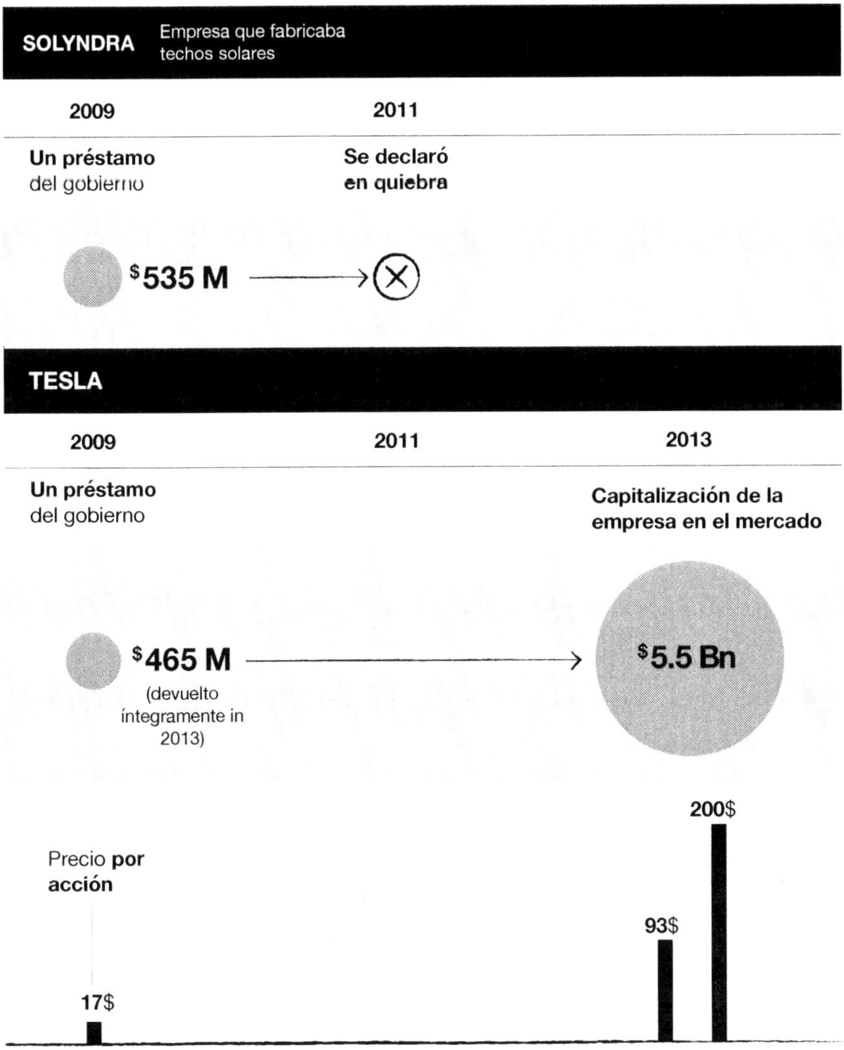


**Figura 4.** Comparativa del retorno de la inversión hecha por el Gobierno de los EEUU en Solyndra y Tesla

Esto es algo que viene haciendo el gobierno de Israel desde hace más de 20 años. En España, tuve la oportunidad de participar en un par de proyectos similares junto a Aleix Valls, al que he mencionado antes. Aleix, inspirado por el modelo israelí, ideó un organismo público-privado llamado Barcelona Mobile Ventures para invertir y crear empresas tecnológicas donde el sector público tendría una participación minoritaria, y en cuyo desarrollo yo participé. En esta misma línea, existen algunos proyectos de coinversión como el programa Innvierte del CDTI (Centro para el Desarrollo Tecnológico Industrial), pero todavía son muy incipientes. La línea de trabajo más interesante que creamos desde Barcelona Mobile Ventures (también llamado mVenturesBCN) es el programa The Collider. Básicamente, durante los años 2017 y 2018 creamos un *venture builder* orientado al sector de transferencia de tecnología de las universidades y centros de investigación de España. The Collider es hoy la única iniciativa de transferencia de tecnología que crea equipos de alto rendimiento, monta una compañía con cada equipo y los acompaña en el lanzamiento al mercado.

Además, otro fenómeno que se ha dado es que, poco a poco, los gobiernos han ido perdiendo el conocimiento interno que tenían, ya que se ha tendido a subcontratárselo al sector privado. Si la administración Obama hubiera tenido más talento interno, le hubiera sido menos difícil desplegar el Obamacare. Así pues, el Estado debe también estar preparado internamente para adoptar medidas y políticas más atrevidas. No le asegurarán el éxito, pero le harán mejorar y aprender, a él y a su entorno.

«Lo importante para el gobierno no es hacer cosas que ya están haciendo los individuos, y hacerlas un poco mejor o un poco peor, sino hacer aquellas cosas que en la actualidad no se hacen en absoluto», dijo John Maynard Keynes. Y no puedo dejar de estar de acuerdo.

## La importancia de la Agenda 2030

Los aspectos que abarca la sostenibilidad son demasiado amplios como para desarrollar una normativa que los contemple todos a corto plazo, pero eso es algo que será inevitable a largo plazo. Cualquier previsión de la evolución de un mercado cuyos productos tengan un impacto nocivo en el medioambiente deberá contemplar una futura intervención de dicho mercado por parte de los gobiernos, porque la tendencia a la aplicación de normativas para un desarrollo sostenible es creciente e imprescindible para el avance de toda sociedad.

Hasta ahora hemos visto solo unos pocos ejemplos de la creación de normativas. Sin embargo, las necesidades de la Agenda 2030 conllevan el desarrollo de un marco legal detallado que contemple todo el espectro de la sostenibilidad: vivienda, movilidad, calidad del aire, calidad del agua, consumo, reciclaje, arquitectura, ahorro energético, ayudas para familias sin recursos, etc.

Como ya hemos adelantado, la Agenda 2030 define 17 Objetivos para el Desarrollo Sostenible (ODS) para asegurar un progreso social y económico sostenible en todo el mundo:

Objetivo 1: Poner fin a la pobreza en todas sus formas en todo el mundo.

Objetivo 2: Poner fin al hambre, lograr la seguridad alimentaria y la mejora de la nutrición y promover la agricultura sostenible.

Objetivo 3: Garantizar una vida sana y promover el bienestar para todos en todas las edades.

Objetivo 4: Garantizar una educación inclusiva, equitativa y de calidad y promover oportunidades de aprendizaje durante toda la vida para todos.

Objetivo 5: Lograr la igualdad entre los géneros y empoderar a todas las mujeres y las niñas.

Objetivo 6: Garantizar la disponibilidad de agua y su gestión sostenible y el saneamiento para todos.

Objetivo 7: Garantizar el acceso a una energía asequible, segura, sostenible y moderna para todos.

Objetivo 8: Promover el crecimiento económico sostenido, inclusivo y sostenible, el empleo pleno y productivo y el trabajo decente para todos.

Objetivo 9: Construir infraestructuras resilientes, promover la industrialización inclusiva y sostenible y fomentar la innovación.

Objetivo 10: Reducir la desigualdad en y entre los países.

Objetivo 11: Lograr que las ciudades y los asentamientos humanos sean inclusivos, seguros, resilientes y sostenibles.

Objetivo 12: Garantizar modalidades de consumo y producción sostenibles.
Objetivo 13: Adoptar medidas urgentes para combatir el cambio climático y sus efectos.
Objetivo 14: Conservar y utilizar de forma sostenible los océanos, los mares y los recursos marinos para el desarrollo sostenible.
Objetivo 15: Proteger, restablecer y promover el uso sostenible de los ecosistemas terrestres, gestionar los bosques de forma sostenible, luchar contra la desertificación, detener e invertir la degradación de las tierras y poner freno a la pérdida de la diversidad biológica.
Objetivo 16: Promover sociedades pacíficas e inclusivas para el desarrollo sostenible, facilitar el acceso a la justicia para todos y crear instituciones eficaces, responsables e inclusivas a todos los niveles.
Objetivo 17: Fortalecer los medios de ejecución y revitalizar la Alianza Mundial para el Desarrollo Sostenible.

Respecto a la Agenda 2030, las transformaciones que impliquen la adaptación de los procesos productivos serán graduales y los gobiernos facilitarán a las empresas recursos tangibles, como una reducción en las cargas fiscales, e intangibles, en forma de amplios plazos para el cumplimiento de la normativa. Otras transformaciones necesarias, como el cambio de la sociedad en los hábitos de consumo, serán más lentas, a menos que los gobiernos intervengan los mercados de forma radical; por ejemplo, limitando el número de unidades de un producto que puede comprar una persona.

Este es un escenario poco probable porque seguimos pensando que los recursos son ilimitados, pero una crisis de un recurso nos cambiaría completamente la percepción que tenemos de nuestro modus vivendi. Una verdadera evidencia del fin de un recurso vital —por ejemplo, el agua— conllevaría que se limitase por ley el consumo por persona de dicho recurso.

Del mismo modo, como pronosticaba Serge Latouche al desarrollar la teoría del decrecimiento, la conclusión obvia resultante conduce a la necesidad de que cambiemos nuestros hábitos de consumo ahora a fin de evitar que en un futuro cercano el agotamiento de los recursos provoque un trauma en la economía y la sociedad que deje a esta última sumida en la mayor crisis económica de la historia.

Precisamente para lograr este objetivo, el de evitar el desabastecimiento de un recurso vital, es necesario desarrollar una normativa local para cada región y global para el conjunto de los países. De poco serviría que un país modificara sus hábitos de consumo si el resto del mundo sigue consumiendo los recursos sin control. Sin la colaboración de sociedades y gobiernos a nivel global no conseguiremos desarrollar un futuro sostenible.

# 3

## Medioambiente, movilidad y salud

> «¿Y si elegimos vivir lo suficientemente cerca del trabajo y de la tienda de comestibles como para no necesitar gasolina? ¿Y si elegimos rechazar el gas como una necesidad, poniendo así el poder de nuevo en nuestras manos? La única libertad real es la libertad de la necesidad. Dejemos de querer gasolina».
>
> SIERRA ELIZABETH

Las ciudades son los centros sociales, culturales y económicos de la actividad humana. «Nuestro mayor logro», como dice Ed Glaeser en el libro *El triunfo de las ciudades*. Fueron imprescindibles para prácticamente todo el progreso del que guardamos memoria, desde el nacimiento de la filosofía moderna en Atenas y el Renacimiento en Florencia hasta la industria automovilística en Detroit y la revolución digital en Silicon Valley.

«Las ciudades, por lo tanto, generan riqueza. Hoy en día, las 600 ciudades más grandes del mundo, que representan un 20% de la población mundial, generan un 60% del producto interior bruto (PIB) global. Las ciudades también son el hábitat de la mayoría de la población mundial y el núcleo del crecimiento demográfico global. Naciones Unidas estima que en los próximos 20 años se añadirán más de 1.500 millones de residentes urbanos. Eso equivale a ocho megaciudades más cada año durante las próximas dos décadas (por ejemplo, ocho ciudades como Yakarta u ocho megaurbes como Río de Janeiro). Un desafío abrumador, por no decir otra cosa. La manera como estas ciudades van a crecer será fundamental para la salud, la riqueza y la felicidad humana», exponen Robert Cervero, Erick Guerra y Stefan Al en el libro *Beyond Mobility* («Más allá de la movilidad»).

Si están bien diseñadas, las ciudades son también los lugares más verdes de la Tierra. Los habitantes de Manhattan consumen los mismos niveles de carbono que el resto de estadounidenses de hace 100 años. Muchas personas andan o cogen el transporte público para moverse en Manhattan y su entorno, consumiendo un 10% del petróleo que necesita un estadounidense en promedio. Sin embargo, no todas las ciudades están bien diseñadas, y de hecho pocas favorecen el transporte público y los peatones tanto como Nueva York.

Por consiguiente, las ciudades del mundo dejan una huella ambiental descomunal y desproporcionada. Más del 50% de la población mundial vive en las ciudades, consume entre el 60% y 80% de la energía global y genera hasta el 70% de las emisiones de gases de invernadero provocadas por el ser humano, principalmente a través del consumo de combustibles fósiles necesarios para el suministro de energía y el transporte.

## Las consecuencias de la contaminación

La exposición de las personas a la contaminación del aire ambiental y a sus consecuencias tiene un coste muy elevado en cuanto a mortalidad. En las conclusiones del informe *Ambient air pollution: A global assessment of exposure and burden of disease* («Contaminación atmosférica ambiental: una evaluación global de la exposición y la carga de morbilidad»), publicado por la Organización Mundial de la Salud (OMS) en 2016, se indicaba que aproximadamente un

11 % de las muertes anuales a nivel mundial son debidas a condiciones relacionadas con la polución atmosférica.

Si consiguiéramos eliminar la contaminación ambiental, la esperanza de vida aumentaría 3 años a escala global. Así lo indica un estudio llevado a cabo por Jos Lelieveld y Thomas Münzel, dos profesores del Instituto Max Planck y del Departamento de Cardiología del Centro Médico Universitario de Mainz (Alemania), y publicado en marzo de 2020 en la revista *Cardiovascular Research*: «La contaminación del aire es responsable de acortar la vida de las personas en todo el mundo en escala mucho mayor que las guerras y otras formas de violencia, que enfermedades víricas y parasitarias como el VIH o la malaria y, aunque parezca mentira, a una escala algo superior al tabaquismo».

Lelieveld y Münzel aseguran que los hallazgos indican que nos encontramos ante una pandemia de contaminación ambiental, estimando que la contaminación del aire a nivel mundial causó 8,8 millones de muertes prematuras durante el año 2015, lo que representa un promedio de acortamiento de la esperanza de vida de casi 3 años a escala global.

En comparación, el consumo de tabaco acorta la esperanza de vida en un promedio de 2,2 años (7,2 millones de muertes), el VIH en 0,7 años (1 millón de muertes), enfermedades como la malaria —transmitidas por parásitos o insectos— en 0,6 años (600.000 muertes) y todas las formas de violencia (incluyendo muertes en guerras) en 0,3 años (530.000 muertes).

También descubrieron que la contaminación ambiental tiene un mayor efecto en el acortamiento de la vida de las personas mayores. A nivel mundial, alrededor del 75 % de las muertes atribuidas a la contaminación del aire ocurren en personas mayores de 60 años.

«Dado que el impacto de la contaminación del aire en la salud pública en general es mucho mayor de lo esperado, y es un fenómeno mundial, nuestros resultados muestran que hay una pandemia de contaminación del aire. Los responsables políticos y la comunidad médica deberían estar prestando mucha más atención a esto. Tanto la contaminación del aire como el tabaquismo se pueden prevenir, pero en las últimas décadas se ha prestado mucha menos atención a la contaminación del aire que al tabaquismo, especialmente entre los cardiólogos», advierte Münzel.

Entre otros datos sorprendentes, llama especialmente la atención que, en todo el planeta, solo una de cada diez personas viva en un lugar que cumple las Directrices sobre la Calidad del Aire de la OMS. Y, contrariamente a lo que pudiera parecerle a la mayoría de la opinión pública, las regiones más afectadas por esa grave anomalía ambiental no pertenecen a los países más desarrollados, sino a diversas zonas de Asia, Oriente Medio y los países de bajos y medianos ingresos: las regiones del Pacífico Occidental y del Sudeste Asiático soportan la mayor parte de la carga, con casi dos tercios de las muertes.

«Los elementos críticos han venido más de la mano del cambio climático y de la salud que de la propia obsolescencia del presente modelo de movilidad. Y, lógicamente, cuanto más densa es la conurbación urbana más perentorio resulta buscar alternativas», señala Joan Subirats, profesor de Ciencia Política en la Universitat Autònoma de Barcelona, especialista en temas de gobernanza, gestión pública y en el análisis de políticas públicas y teniente de alcalde de Cultura, Educación y Ciencia del Ayuntamiento de Barcelona, incidiendo en esa paradoja de que ese desfasado y contaminante modelo de movilidad no distingue de condiciones geográficas y sociales.

«Deberemos reducir drásticamente las emisiones, cambiando de fuente energética, de modelo de movilidad, y aprovechar los avances digitales para establecer pautas más propicias al uso del transporte público, incentivando las posibilidades de compartir otros instrumentos de movilidad más flexibles y adaptables a todas las edades y emplazamientos», añade.

## No todo el mundo tiene la misma realidad

Pero la contaminación no afecta por igual a todo el mundo. El estudio de Lelieveld y Münzel que acabo de citar establece las siguientes divergencias por zonas geográficas:

- Asia Oriental es la zona donde se registra una mayor pérdida de esperanza de vida debido a la contaminación ambiental evitable. En concreto, en esta zona se llegan a perder 4 años, 3 de los cuales podrían evitarse mediante la eliminación de las emisiones causadas por el hombre.
- En África, el panorama es muy diferente. De los 3,1 años de vida que se pierden por la contaminación ambiental, solo se podría evitar un 0,7 de pérdida. El motivo es que gran parte de la contaminación del aire en el continente africano es inevitable, principalmente por el polvo.
- En Europa, hay un promedio de 2,2 años de esperanza de vida perdida, de los cuales 1,7 podrían evitarse. Concretamente, la contaminación ambiental causa cada año 800.000 muertes prematuras en Europa, el doble de lo que hasta ahora estimaba la Agencia Europea de Medioambiente.
- En América del Norte hay un promedio de 1,4 años de esperanza de vida perdida, de los cuales 1,1 podrían evitarse, principalmente eliminando los combustibles fósiles.
- En África, la contaminación del aire representa un riesgo para la salud comparable al VIH y la malaria. Sin embargo, es en el resto del mundo donde la contaminación del aire representa un riesgo mayor para la salud.

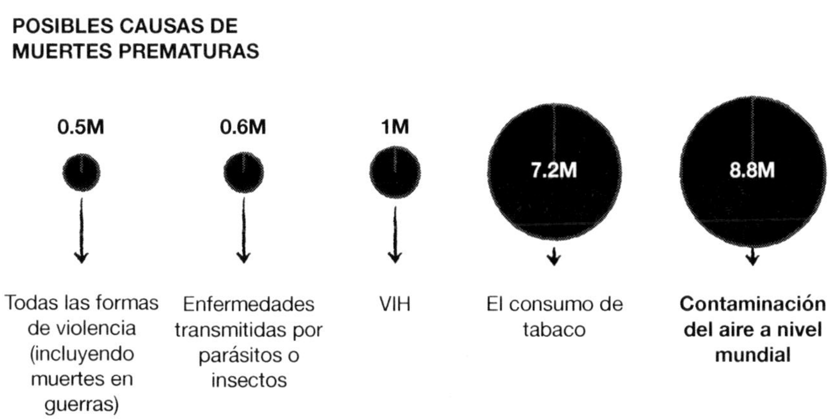


**Figura 5.** Estudio publicado en «Cardiovascular Research» en marzo de 2020

En 2012, la OMS estableció que «los efectos en la salud relacionados con la contaminación ambiental mataron a 3 millones de personas en 2012, lo que lo convierte en uno de los mayores riesgos ambientales». El Pacífico Oeste encabeza esa fúnebre lista con más de un millón de muertos al año, seguido por el Sudeste Asiático, con alrededor de 800.000 fallecimientos anuales debidos a la misma causa, mientras que Europa se sitúa en tercer lugar con unas 480.000 defunciones. 4 años después, según las mismas fuentes, la cifra de defunciones prematuras debidas a la contaminación atmosférica en las ciudades y zonas rurales de todo el mundo se elevaba a 4,2 millones de personas.

Todas ellas, independientemente de la zona del globo en la que se produzcan, se derivan de enfermedades asociadas a la exposición a la contaminación atmosférica tales como, entre otras, la cardiopatía isquémica, el accidente cerebrovascular, la obstrucción crónica, la enfermedad pulmonar, el cáncer de pulmón y las infecciones respiratorias en niños.

Desarrollando los datos de ese informe, la Organización Panamericana de la Salud (OPS) señala que «los contaminantes atmosféricos más relevantes para la salud son material particulado (PM) con un diámetro de 10 micras o menos, que puede penetrar profundamente en los pulmones e inducir la reacción de la superficie de los mismos y las células de defensa. La mayoría de estos contaminantes son el producto de la quema de combustibles fósiles».

«El órgano más extenso de nuestro cuerpo es la piel, parte corporal que en según qué zonas está muy expuesta a esa contaminación ambiental y no todos somos conscientes de ello», expone Sandra Cabrera, responsable de la Unidad de Medicina Estética de Clínica Opción Médica. «Desde el ámbito de la medicina estética queremos sumarnos a la concienciación del fotodaño que sufre nuestra piel a diario. Por esta causa pueden aparecer diversas patologías que van desde las manchas solares hasta el cáncer de piel; la franja etérea es diversa, ya que podemos apreciar de manera inicial el envejecimiento de la piel con la presencia de manchas, lentigos solares y arrugas.»

Unos datos muy significativos si se tiene en cuenta que América Latina y el Caribe son algunas de las regiones más urbanizadas del mundo. Un 79% de la población de esos países vive en pueblos y ciudades con más de 20.000 habitantes, según los datos de 2014 de la Comisión Económica para América Latina y el Caribe (CEPAL). Entre otras causas, esta comisión atribuye al «transporte de mercancías y la movilidad humana, basadas principalmente en soluciones individuales que exigen un alto consumo de energía con baja eficiencia» una elevada incidencia en la contaminación atmosférica.

Dicho de otro modo, el transporte motorizado genera emisiones contaminantes y, entre ellas, son las partículas $PM_{10}$ y $PM_{2.5}$ las que más afectan a la salud humana, por su ínfimo tamaño. Las primeras tienen un tamaño igual o inferior a 10 micras de diámetro, siendo las segundas aún más pequeñas al no alcanzar las dos micras y media.

Una micra es una unidad del sistema métrico equivalente a la millonésima parte de un metro. Un cabello humano, por ejemplo, acostumbra a medir entre 60 y 80 micras de diámetro. Son estas dimensiones microscópicas las que permiten a las partículas $PM_{10}$ y $PM_{2.5}$ penetrar las barreras naturales del organismo contra el polvo para acabar localizándose en el sistema respiratorio. Al estar compuestas por carbono elemental y sus derivados, así como por metales pesados, sulfuros y sustancias cancerígenas como el benceno, una exposición continuada a niveles altos de las mismas está relacionada con el incremento de las enfermedades descritas anteriormente como causantes principales de la mortalidad asociada a la contaminación atmosférica.

## La irrupción del parque móvil

Encontrar una explicación para lo que nos enseñan los datos presentados en estas páginas sería precipitado. No soy un experto, ni creo que nadie sepa relacionar directamente la contaminación con un solo hecho. Hay muchos. Miles. Pero creo que no me la juego si señalo una conexión directa entre la contaminación y los vehículos a motor.

En el año 2000, se estimaba que el parque móvil mundial tenía un tamaño de unos 750 millones de vehículos. 20 años después, se cree que es de 1.475 millones, casi un crecimiento del 100%. Si sigue creciendo a este ritmo, en 20 años, aunque todos los vehículos sean eléctricos, la huella de carbono de la industria automovilística será igual o muy similar a la que genera en la actualidad, y volveremos a estar igual.

Los gases contaminantes de los vehículos pueden afectar a algo más que a los pulmones. De hecho, plantean riesgos para la salud en cada etapa de la vida, e incluso pueden causar una muerte prematura. Pero los impactos del cambio climático, impulsados por las emisiones del calentamiento global, también afectan a la salud de las personas y al bienestar en general. El calentamiento global está provocando olas de calor más frecuentes e intensas —especialmente peligrosas para los niños y los ancianos— y el aumento del nivel del mar, junto a inundaciones y sequías que pueden devastar las comunidades locales.

Por la misma orografía de las ciudades, las personas con bajos ingresos están desproporcionadamente expuestas a niveles más altos de contaminación del aire. Marginadas por la segregación urbana, estas comunidades suelen estar ubicadas cerca de centros de carga y carreteras muy transitadas, y pueden carecer de acceso a los recursos para adaptarse a (o alejarse de) la contaminación del aire provocada por el crecimiento de los vehículos.

Lo veremos más adelante, pero no debemos tampoco caer en la complacencia de pensar que un cambio a vehículos eléctricos solucionaría el problema, a pesar de ser necesario, porque el consumo de recursos fósiles es doblemente contaminante y el impacto de la huella de carbono en la atmósfera dentro de 20 años provocaría daños irreparables. El objetivo neto de emisiones a la atmósfera para el año 2050 según la OMM (Organización Meteorológica Mundial, WMO por sus siglas en inglés) es cero, siendo esta cifra la resultante de las emisiones emitidas menos las emisiones absorbidas de forma natural o por la acción humana. Por lo tanto, sustituir productos y procesos productivos basados en recursos fósiles por recursos eléctricos es una necesidad vital para el planeta y nuestra supervivencia.

El siguiente grado de mejora deberá ser reducir la cantidad de recursos minerales empleados para crear los materiales del vehículo. La transformación de los minerales en hierro, aluminio o cristales suele realizarse a través de procesos que emiten grandes cantidades de $CO_2$, además de consumir enormes volúmenes de oxígeno y agua.

Si comparamos el peso de un coche tradicional, que ronda entre los 1.000 y los 1.500 kilos, con el peso de un patinete compartido de entre 20 y 25 kilos, el patinete representa tan solo el 2% del peso de un coche. Por lo tanto, requiere mucha menos materia para ser producido y sus procesos de fabricación son mucho menos contaminantes. Por este motivo, una bicicleta, un patinete o un ciclomotor eléctrico *(moped)*, serán siempre mucho más sostenibles que un coche tradicional, al emitir menos gases de efecto invernadero a la atmósfera.

## El transporte será eléctrico o no será

Como vemos, la mera necesidad de supervivencia, unida a la confluencia de varias macrotendencias, apunta a que todo el transporte público y gran parte del privado será eléctrico si se prohíbe por ley tener un vehículo de gasolina. Entre estas macrotendencias, encontramos la preocupación por el medioambiente, que está relacionada con otras como la preocupación por el calentamiento global, el cambio climático, la contaminación del aire y del agua o la huella de carbono.

Estas preocupaciones confluyen con otra: la preocupación por la salud personal. Queremos comer sano, practicar más deporte y respirar aire limpio. Los gobiernos, tanto de los países como de las propias ciudades, implantarán normas para proteger y cuidar la salud de sus ciudadanos por dos razones. Por un lado, por la presión pública: los políticos han de satisfacer a sus votantes, del mismo modo que las empresas satisfacen a sus consumidores. Por el otro, organismos políticos que actúan a nivel macroeconómico como la Comisión Europea fuerzan a los países a firmar acuerdos internacionales para la reducción de gases de efecto invernadero, acuerdos que provocarán la rápida implementación de soluciones medioambientales.

La primera consecuencia será transformar en eléctricos todos los medios de transporte basados en el consumo de combustibles fósiles. Algunos vehículos movidos por hidrógeno o gas podrán seguir circulando hasta que lleguen los vehículos basados en energía solar. Pero mucho antes veremos cómo la mayoría se convertirán en vehículos eléctricos.

Del mismo modo, todas las empresas con flotas de vehículos vivirán un proceso de adaptación gradual motivado por el ahorro en combustible, la presión de los organismos públicos y la aparición de una nueva normativa que regulará el sector del transporte. Pero todas estas medidas serán insuficientes para reducir la huella de carbono si seguimos aumentando el consumo de coches, así como del resto de productos producidos y consumidos en masa.

Un ejemplo lo tenemos con las aparentes soluciones de movilidad que representan Lyft, Uber o Cabify. Uno de los beneficios que argumentan a su favor es la descongestión de las ciudades por la reducción del uso de vehículos privados, pero la realidad es que la masiva proliferación de sus flotas se traduce en más automóviles circulando por la ciudad de forma continuada.

Cuando una persona utiliza su vehículo privado por la ciudad, lo hace por un periodo breve de tiempo hasta que sale de la ciudad o lo deja aparcado. La aparición de Uber, con más de 3 millones de conductores en todo el mundo y con presencia en más de 450 ciudades, representa una media de 6.666 vehículos por ciudad que no paran de circular.

Si añadimos las flotas de otras empresas con soluciones similares como Cabify, o el aumento del reparto a domicilio por las compras *online* en plataformas como Glovo o Deliveroo, como resultado obtenemos un incremento en decenas de miles de vehículos circulando de forma constante por las ciudades.

De ahí que, de cara a reducir nuestra huella de carbono, no sea suficiente la transformación del parque móvil de vehículos de combustible en automóviles eléctricos. Es necesario reducir el número de vehículos producidos.

Un ejemplo evidente de uno de los problemas clave de la economía y que está en el núcleo de la Teoría general de la ocupación es el del interés y el dinero de Keynes. Se trata de la paradoja de que lo que es bueno para la parte no lo es para el conjunto, también conocida como la falacia de la composición.

Este problema también estuvo latente en los estudios sobre la energía en la Inglaterra victoriana y, en concreto, en la llamada paradoja de Jevons, según la cual «haz que algo sea más eficiente y la gente lo consumirá más». En su estudio «El problema del carbón», constató que «es una absoluta confusión de ideas suponer que el uso económico de combustible por la máquina de vapor es equivalente a un consumo menor. Lo que sucede es precisamente lo contrario».

A igual lógica responde la paradoja de Jevons, que explica por qué la ampliación de las autopistas en Los Ángeles, Houston, y otras vías rápidas, solo da lugar a más coches, menos vehículos compartidos y tráfico más denso. Si la gente puede conducir con más facilidad, puede vivir más lejos. Como observa Jonathan Teeper: «De repente, casas más grandes y asequibles quedan a una distancia razonable de las ciudades. En un intento de que el tráfico sea más fluido añadiendo más carriles, los planificadores urbanos han hecho sitio para más coches y han alentado la conducción. Lo que es verdad en cuanto a la eficiencia del carril individual en una autopista no es verdad en cuanto a la eficiencia de Los Ángeles en su conjunto».

¿Cómo salvar esta paradoja? El economista y escritor francés Serge Latouche es uno de los principales divulgadores de la teoría del decrecimiento: «Tienes que estar loco o ser un economista para pensar que el crecimiento puede ser ilimitado en un planeta con recursos limitados».

La teoría del decrecimiento propone reducir el consumo para evitar la destrucción de los recursos y los efectos en el medioambiente. Para alcanzar este decrecimiento, la sociedad debe llevar a cabo un cambio de mentalidad en un porcentaje suficientemente amplio como para provocar que las empresas reduzcan la producción en masa de sus productos.

El mayor problema de esta teoría reside en que la sociedad modula su comportamiento muy lentamente. Si los gobiernos no imponen leyes para acabar con la producción en masa de productos, la única alternativa es desarrollar tecnologías que ayuden a reducir el consumo de estos.

En esta dirección se está desarrollando una tecnología para evitar el número de accidentes entre vehículos, tecnología que, indirectamente, también lleva asociado como beneficio la reducción del parque móvil: la conducción autónoma o sin conductor. Aún en fase de desarrollo, se espera que la interconexión de vehículos pueda evitar accidentes y mantener un flujo constante de vehículos sin provocar atascos.

Numerosos defensores de esta tecnología estiman que en el futuro no será necesario conducir y, por lo tanto, no será necesario poseer un vehículo, puesto que realizarán siempre el recorrido de forma más eficiente y segura que siendo conducidos personalmente.

Una vez más, las primeras en adoptar esta tecnología serán las empresas públicas y las de transporte privado, que reducirán costes salariales y se ahorrarán los gastos derivados de los accidentes que dejarán de tener. Camiones, furgonetas, autobuses, taxis y los denominados VTC serán los primeros sectores en implementarla. Pero para que cause un verdadero impacto en el parque móvil mundial, y por ende en la reducción de la producción de vehículos nuevos, todavía habrá que esperar más de 20 años.

Según apuntan todos los estudios, en un principio no comportará una reducción de la producción de vehículos nuevos, sino todo lo contrario. El vehículo autónomo será accesible para un público mayor. Además del sector del lujo y de los amantes de la tecnología, ampliará su público a personas que no pueden conducir, a personas sin permiso de conducir, incluso a personas que no les gusta conducir. Además, tendrá lugar un periodo de renovación de flotas de empresas privadas y públicas que mantendrá altos los niveles de producción de vehículos.

Hasta que no aparezcan iniciativas empresariales, privadas o públicas, que incentiven compartir vehículos sin conductor, no se reducirá significativamente la producción de vehículos. Cuando finalmente aparezca el vehículo autónomo 100% fiable, quienes actualmente trabajan en el sector del transporte de personas o mercancías deberán invertir en la creación de su propia flota de transporte de vehículos autónomos o cambiar de profesión, porque posiblemente estos serán los primeros sectores donde se prohíba la conducción de vehículos por parte de personas.

Durante un tiempo, según los expertos en movilidad, convivirán en la carretera vehículos con y sin conductor, porque hay personas a las que les gusta conducir y siempre les gustará conducir. Es posible que, si el vehículo autónomo consigue reducir el número de accidentes, se acabe prohibiendo la conducción de vehículos no autónomos, pero no por ello la propiedad de vehículos. El poder simbólico del vehículo como expresión del estatus social está aún muy arraigado en las sociedades modernas y no parece que vaya a desaparecer pronto. Únicamente un cambio de valores en la sociedad o la imposición por ley podrán reducir la producción masiva de vehículos.

Es necesario incidir en el hecho de que esta nueva movilidad eléctrica no es exclusiva del entorno urbano. Sin tener la incidencia que muestra en las grandes ciudades por una cuestión de volumen, el vehículo privado a motor está muy extendido en otros lugares donde también se impone un nuevo modelo de movilidad. Puede que en los pueblos o pequeños núcleos urbanos no se viva como un problema la contaminación, el ruido o la ocupación de la vía pública del vehículo a motor, pero la alternativa eléctrica y sostenible también es real.

Los estudios sobre movilidad que realiza en España el Instituto Nacional de Estadística demuestran que en los entornos rurales y en las poblaciones de menos de 50.000 habitantes la movilidad personal no es significativamente mayor en tiempo o en distancia a la que se realiza en las ciudades. Por lo tanto, las soluciones son equiparables.

Hace algunos años, allá por 2015, tuve la oportunidad de conocer a Eric Schmidt, en aquel entonces presidente de Google, junto a un grupo de emprendedores españoles, en una cena organizada por James Costos en su casa de Nueva York. Costos era el embajador de Estados Unidos en España, y su papel ha sido fundamental a la hora de construir puentes entre inversores americanos de capital riesgo y emprendedores españoles, siendo muy activo en iniciativas como South Summit. Schmidt vino a decir que la conducción autónoma ya estaba lista desde hacía bastante tiempo, pero que la presión de los *lobbies* del sector automovilístico y asegurador era tal que prácticamente el 80 % del trabajo era a nivel regulatorio, y que, a la velocidad a la que iba la regulación, tardaría más de 10 años en implantarse la tecnología de conducción autónoma. Ya hace 5 años de aquella conversación, y si bien ha habido progresos con pruebas piloto en empresas como Waymo o Nuro, estoy absolutamente convencido de que nos quedan por lo menos otros diez.

## Y los gobiernos, ¿qué hacen?

Las directrices de la OMS sobre la calidad del aire recomiendan una exposición máxima de 20 $\mu g/m^3$ (20 microgramos de partículas por metro cúbico de aire) para las $PM_{10}$ y de 10 $\mu g/m^3$ para las $PM_{2.5}$ (un microgramo es la millonésima parte de un gramo). Esta organización realiza mediciones de calidad del aire en más de 3.000 ciudades de más de 100.000 habitantes en todo el mundo y los resultados señalan que más del 80 % de la población que vive en esas áreas respira un aire con niveles de partículas superiores a los límites establecidos.

Todo ello genera un coste económico muy elevado, tanto por la mortalidad como por la atención sanitaria precisa para combatir las enfermedades derivadas de la contaminación debida a la movilidad, o por la contribución de esta al calentamiento global.

Entre las 50 medidas lanzadas a nivel internacional que se acordaron en la Conferencia de Naciones Unidas sobre el Cambio Climático celebrada en Bonn en 2017, tres están relacionadas directamente con la movilidad. La número 4 fija la necesidad de «establecer y aplicar normas avanzadas sobre emisiones de los vehículos» y la quinta propone «idear vehículos híbridos y eléctricos e implantar su uso», en tanto que la sexta plantea «facilitar el acceso al transporte público y a la infraestructura de transporte no contaminante en las ciudades».

En 2002, el Banco Mundial estimó que, de 1.000 millones de residentes urbanos en el mundo, el 75% vivía con menos de 2 dólares diarios (menos de dos euros), un porcentaje que va aumentando. Además, hoy en día unos 250 millones de residentes urbanos no tienen acceso a la electricidad.

El principio básico que debe regir en la política de protección del medioambiente es el de la prevención, lo que se traduce en minimizar las emisiones a la atmósfera de sustancias contaminantes, una estrategia denominada «de reducción en origen». Se trata de cambiar la actitud imperante hasta ahora de reaccionar ante los problemas de la contaminación cuando ya se han producido hacia planteamientos proactivos que traten de prevenir esos problemas, evitar que se produzcan o, en el peor de los casos, minimizarlos.

En las últimas convenciones sobre cambio climático a nivel mundial, se llega siempre a la conclusión que los mejores consejos para reducir la contaminación del aire en nuestra ciudad son los siguientes:

- Uso del transporte público y utilización del coche privado solo cuando sea completamente necesario. O bien, compartir coches privados entre varias personas. Cuantos menos coches, menos emisiones.
- Elegir, a la hora de comprar el coche, un modelo de bajo consumo energético.
- Llevar a revisión de manera anual el coche para comprobar que el vehículo no contamina más de lo permitido. Un coche en buen estado siempre contaminará menos.
- Por descontado, todo desplazamiento que se pueda realizar en bicicleta o andando es menos contaminante que cualquier coche.

Además, el transporte sostenible debe ser visto e integrado como un ingrediente esencial en las estrategias de desarrollo sostenible. La infraestructura de transporte puede durar décadas. Esto significa que las decisiones tomadas hoy tendrán un impacto a largo plazo en el desarrollo urbano y el clima. En este sentido, no está de más recordar la consideración que lanza Joan Subirats desde el Ayuntamiento de Barcelona: «La apuesta por la movilidad en bicicleta o el transporte compartido es sin duda beneficiosa para las dinámicas de esponjamiento urbano y la generación de espacios de mayor habitabilidad y menos contaminación».

## Ejemplos de movilidad urbana sostenible

Medioambiente y movilidad urbana son un binomio que ahora está «de moda» pero que, de hecho, hace siglos que existe. Podemos remontarnos al transporte animal y estaríamos delante de una movilidad que, si bien sería cuestionable desde el punto de vista de la ética, la practicidad y la higiene, ya era, en gran parte, sostenible y no contaminante. Los tiempos, como todo, han cambiado y traído nuevas formas de movilidad urbana sostenible que vale la pena repasar.

### 1. La bicicleta

La bicicleta es quizás es el mejor ejemplo de movilidad urbana sostenible, el vehículo del pasado, el presente y, sobre todo, del futuro. Alrededor de 2.500 millones de personas en todo el mundo la usan para sus trayectos diarios y muchas ciudades se unen a la cultura *bike friendly*, y es que sus ventajas no son pocas. Para las personas, la bicicleta mejora la calidad de vida y aumenta la actividad física. Para la ciudad, reduce la contaminación y disminuye el ruido y los problemas de tráfico.

En Bogotá ya hay más de 350 kilómetros de vías exclusivas para ciclistas, siendo la red más grande en Latinoamérica. En Ámsterdam, la vasta red Fietspad tiene más de 400 kilómetros de uso exclusivo, y en otras ciudades, sin vías ciclables marcadas, es la reina de la calle.

### 1.1. *Bike sharing*

Muchas ciudades han ido un paso más allá en el fomento del uso de la bicicleta y han empezado a instalar sistemas que permiten el acceso a ella de personas que no tienen una. Estos sistemas se llaman *bike sharing* y permiten el uso compartido de las bicicletas por un periodo de tiempo.

Copenhague es una de las ciudades que han implementado este ejemplo de movilidad urbana sostenible. En su sistema, las bicicletas cuentan con una tableta que incluye el servicio llamado Gobike. Con él tienen GPS, información de rutas y horarios de los sistemas de transporte de la ciudad.

En España, ciudades como Vitoria, Barcelona y Sevilla son buenos ejemplos de implantación de estos sistemas de fomento de la bicicleta, pero podemos encontrar muchos más a lo largo y ancho del planeta.

### 1.2. Bicicletas inteligentes

Pero se puede ir más allá. Un ejemplo es el de unos estudiantes del Massachusetts Institute of Technology (MIT) de Boston que, inspirados en el caso de Copenhague, crearon una bicicleta inteligente, The Copenhagen Wheel. Mientras el usuario pedalea, esta bicicleta recoge información sobre el ruido, la temperatura ambiente, la humedad... Se puede consultar toda esta información a través de una *app* o de las redes sociales del proyecto. Es muy útil para planear rutas o informarse sobre las variables ambientales de la ciudad.

## 2. *Mopeds* o ciclomotores eléctricos

Los *mopeds* o pequeños ciclomotores eléctricos y los ciclomotores convencionales impulsados también por un motor eléctrico son igualmente una buena alternativa a la movilidad personal que gana terreno en muchas grandes urbes de ambas orillas del Atlántico y en toda Asia, especialmente allí donde la movilidad urbana sigue siendo demasiado agresiva y no segregada, y los usuarios no se ven seguros al usar su bicicleta o patinete.

También existen ya exitosos modelos de *sharing* de este tipo de vehículos, cuyo bajo precio supone un gran atractivo y acaba con el eterno dilema del usuario que no quiere hacerse cargo del vehículo. El sencillo modelo de pago por uso es muy interesante: es cómodo, fácil y sostenible.

## 3. *Car sharing*

Este es un servicio que permite alquilar un coche por un tiempo determinado, lo que ayuda a reducir el número de vehículos particulares y el tráfico. París contó hasta 2018 con un gran ejemplo de movilidad urbana sostenible en esta categoría: Autolib. Tenía estaciones de aparcamiento y carga, así como centros de información y alquiler, y en ellos se podía alquilar uno de los 2.000 coches eléctricos disponibles. En España encontramos ejemplos como SocialCar, fundado por la emprendedora barcelonesa Mar Alarcón, eMov o Zity, por citar tres nombres de un mercado en pleno auge y que va cambiando de actores continuamente.

Por otro lado, vale la pena también nombrar el *car pooling*, que consiste en ofrecer una plaza en tu vehículo privado a otros individuos. Es una cultura global que permite reducir el consumo de gasolina, con su consecuente ahorro de dinero. También ahorra tiempo y se crea un sistema de transporte colaborativo, fluido y asequible. En California es muy habitual utilizar este tipo de sistema, ya que además permite a los vehículos que lo practican a diario para ir a trabajar la circulación por un carril especial que posibilita «saltarse» el tráfico por la conocida autopista 101 que une San Francisco con Silicon Valley. También se utiliza cuando te desplazas entre ciudades de manera ocasional. En este sentido, BlaBlaCar es probablemente el mejor ejemplo. Yo lo he utilizado en infinidad de ocasiones, y es una experiencia muy interesante. El sistema te permite elegir un conductor basándote en sus *ratings*, ver cuántos compañeros de viaje tendrás en el coche y decidir en función de si te gusta la música, si fumas o no, o si eres más o menos charlatán.

Personalmente, he conocido a un montón de gente muy interesante utilizando este servicio.

## 4. Patinetes eléctricos

Son más pequeños que una bicicleta, muchos se pueden plegar y consumen poca energía. Los patinetes eléctricos parecen ser la alternativa perfecta para lograr una movilidad sostenible en las ciudades. Asimismo, al igual que la bicicleta, no producen contaminación acústica.

Dedicaré algunas líneas adicionales al patinete porque creo que el tema lo merece, por su repentino éxito y por lo que supone su irrupción. El patinete eléctrico ha pasado de ser un juguete a un medio de transporte eficiente y barato. Ha conseguido lo que el Segway se proponía, pero que no consiguió por su elevado volumen y peso. El patinete ha triunfado porque es una solución más portable, más eficiente y económica. Su éxito ya está impactando en nuestros hábitos de movilidad. Los talleres de reparación de vehículos de las grandes ciudades han notado una caída en su negocio debido al menor uso que se hace del coche en desplazamientos cortos. Un signo imparable de una nueva era y una nueva generación.

Hemos llegado al punto de que algunos talleres están ofreciendo servicios de reparación de patinetes para compensar la reducción de reparaciones de vehículos, y cada vez son más las personas que acuden a sus lugares de trabajo en patinete eléctrico, cuando antes lo hacían en coche o moto. Eso representa menos averías y menos litros de combustible consumidos, a la vez que más negocio para pequeñas y medianas empresas, como los fabricantes de monopatines y de sus accesorios. ¿Qué pasaría si, de repente, pudiéramos cargar ese patinete, o nuestro vehículo, con la energía generada por el sol o el viento?

Su fácil manejo los ha convertido en una alternativa real para la movilidad personal en las grandes ciudades. El paso que en muchas urbes se ha dado hacia el *sharing* permite además que el usuario no tenga que acarrear con el vehículo a casa o el lugar de trabajo. Aunque ocupa menos que una bicicleta y es mucho más manejable, los modelos más compactos y robustos no se pueden doblar y, por lo tanto, muchos usuarios apuestan por los patinetes de uso compartido.

El patinete es un vehículo útil, eso está claro. Y el patinete de uso compartido o *sharing*, también. No obstante, hoy en día es el «poli malo» de este cambio de paradigma. Al ser tan ágil y fácil de aparcar en la vía pública, se debe regular con firmeza. Por dónde deben o no deben circular, a qué velocidad deben ir, qué tipo de prescripciones técnicas deben tener los vehículos, cuánto plástico pueden llevar los vehículos y qué durabilidad han de tener, decidir si se permite o no se permite el modelo de «cargadores *freelance*» para hacer la recarga de baterías, entender qué implicaciones tiene permitir un modelo de ese estilo cuando funciona con baterías de litio —que son fácilmente incendiables—, cuál es la política de sanciones a los usuarios, dónde deben aparcarse los patinetes y cómo obligamos al usuario a hacerlo para poder convivir en paz con el resto de peatones. En definitiva, cómo hacemos para priorizar al peatón y no convertirnos en una solución de movilidad depredadora del espacio público. El modelo no intervencionista de la actividad económica aplicado a los patinetes eléctricos está demostrado que no funciona. Por lo menos, no en Europa.

La mayoría de los ayuntamientos de España han empezado por regular la ocupación que estos vehículos hacen del espacio público, rehuyendo la regulación de la actividad y estableciendo una mera tasa o impuesto de utilización. Por poner un ejemplo en España, sería el caso de Madrid. Durante el año 2019, la ciudad permitió que un número ilimitado de operadores ocuparan sus calles y pelearan por la demanda, sin regular los temas que acabo de mencionar. Los patinetes campaban a sus anchas por la ciudad, ocupando las aceras, las zonas para personas con minusvalía o los pasos de peatones y, en muchos casos, impidiendo la circulación de otros vehículos. Es decir, los patinetes depredaban la ciudad de Madrid. Esta situación provocó una imagen nefasta para el sector de la que está siendo difícil recuperarse. La ciudad de París, por ejemplo, empezó igual, pero rápidamente se dio cuenta del error y decidió hacer una licitación pública limitada a tres operadores.

En España también existen buenos ejemplos de ayuntamientos pioneros en este sentido, como lo es el de Zaragoza. En 2019, esta ciudad fue la primera en Europa en sacar a concurso público una licitación de patinetes eléctricos. Reby fue el ganador indiscutible, algo de lo que me siento especialmente orgulloso.

## El coste oculto del modelo actual

Desde el punto de vista fiscal, los gobiernos invierten recursos considerables en el transporte y pagan una gran parte de los gastos para planificar la movilidad, especialmente la extensión y los impactos en la sanidad pública causados por la contaminación y las colisiones de tránsito. En Estados Unidos, a finales del siglo XX, los gastos derivados de proveer infraestructuras y servicios (excepto los gastos externos sociales) en urbanizaciones en rápido crecimiento y centradas en coches se elevaron a casi 30.000 dólares más por hogar que en urbanizaciones compactas.

A todo ello se añaden los gastos menos visibles, pero corrientes, causados por un modo de vida centrado en el uso del coche, como la inactividad física, las víctimas de accidentes y el empeoramiento de la calidad del aire, costes para cuya compensación el sector público tiene que invertir recursos de algún modo. El actual modelo de movilidad, además de no ser sostenible medioambientalmente, provoca importantes efectos sobre la salud de los habitantes de las grandes urbes. Lógicamente, esto debe tener un precio que debe ir más allá de los impuestos sobre los combustibles fósiles o la tenencia de vehículos de combustión que acaban repercutiendo en la sanidad.

De la misma manera, la industria, incluida la de la automoción, ya «paga» el coste medioambiental que supone la gestión de sus productos una vez estos dejan de tener uso. El concepto de que «el que contamina paga» debería cobrar, a mi entender, cada vez más peso si de lo que se trata es de construir un mundo cada vez más sostenible.

Es algo que, personalmente, tuve muy en cuenta a la hora de perfilar el modelo de negocio de mi empresa. Me preocupaba dejar una huella perjudicial para el medioambiente después de dar una respuesta sencilla y sostenible a la movilidad urbana. No tenía sentido quitar el humo de las calles y después de ello generar un impacto ambiental grave en modo de desechos difícilmente reciclables. Hemos trabajado mucho en ello aplicando los principios de la economía circular, minimizando plásticos y elementos no reaprovechables.

Reby mantiene ese enfoque. Sus vehículos no producen emisiones contaminantes, pero tampoco suponen una carga medioambiental tras su vida útil. Actuamos así por convicción, integrando en nuestros costes de producción el futuro reciclaje de todos los componentes. Personalmente creo que desde la administración debería gravarse fiscalmente a quienes no operen así. El mundo es de todos y, como clama toda una generación, mundo solo hay uno.

Es esencial que pongamos otra vez las personas y la ciudad en el centro del cómo y por qué invertimos en el transporte público para mejorar el bienestar social, ambiental y económico de la humanidad en el siglo XXI.

# 4

## Movilidad y planificación urbana

> «Queremos que el espacio público vuelva a ser un espacio de encuentro y socialización. La movilidad, junto con el urbanismo, es el instrumento básico para repensar la ciudad del futuro, para la gran transformación.»
>
> Rosa Alarcón

No descubro nada nuevo si digo que las ciudades llevan décadas concentrando la población de los países. Desde China a Rusia, pasando por España, Francia y un largo etcétera, el campo se despuebla cada vez más a costa de las urbes, que concentran la industria y la economía. Es un fenómeno que empezó con la Revolución Industrial y que no ha parado. Hoy se calcula, atención, que el 55% de la población del mundo se agolpa en núcleos urbanos. Y la previsión es que esta cifra aún aumente en un 13% de cara a 2025, según indica un informe del Departamento de Asuntos Económicos y Sociales de Naciones Unidas de mayo de 2018. Por lo tanto, la comunión con el desarrollo sostenible, cada vez más en boca de todo el mundo al tiempo que inevitable, dependerá de cómo se gestione el crecimiento urbano y, como es lógico, su movilidad, especialmente en los países con un nivel de ingresos medios y bajos, que son precisamente los que liderarán el proceso.

¿Por qué esta introducción? Porque las reglas del juego no paran de cambiar, y de forma cada vez más exponencial: sumando la población que desplazará su lugar de residencia de las áreas rurales a las urbanas, más el incremento producido por las perspectivas de crecimiento demográfico mundial, el número total de habitantes de las ciudades en todo el mundo aumentará en 30 años en 2.500 millones de personas, hasta representar un 68% del número total de la población mundial. Siete de cada diez personas. Casi nada.

Tenemos ejemplos cerca que seguro que conoces. La conocida como «España vaciada», o el «Teruel existe», que ocupan una parte importante de la actualidad política española, tienen sus raíces exactamente en este preciso problema: la migración poblacional del campo a la ciudad y el olvido al que se someten ciertos territorios como consecuencia de esta.

Lo que ha cambiado con respecto a otras grandes migraciones, como la de la Inglaterra de la Revolución Industrial de finales del siglo XIX, es que hoy este escenario se da en todo el mundo en el marco de un modelo de desarrollo urbano basado en el transporte motorizado. Salvo algunas (y tristemente pocas) excepciones, la mayoría de las ciudades no disponen de una red de transporte público que constituya una alternativa convincente para que sus ciudadanos abandonen el vehículo privado y, con ello, contribuyan a minimizar el impacto social y medioambiental generado por ese tráfico y sus inevitables congestiones.

Soy de los que opinan que liderar el cambio de modelo que exige la sociedad, el medioambiente y el sentido común debe ser cosa de todos. Las campañas y protestas por un desarrollo y un modelo urbanístico y de transporte más racional se multiplican, y la pandemia que está provocando la mortífera Covid-19 ha demostrado que el cambio es posible. Ahora bien, debe ser voluntario, planificado y sensato, no obligado. Está en nuestra mano avanzar en esta línea.

## Desarrollo urbano sostenible

El crecimiento urbano es un proceso que tiene que ver con los tres pilares del desarrollo sostenible: sostenibilidad ambiental, sostenibilidad social y sostenibilidad económica. Y precisamente la movilidad es un fenómeno transversal que recorre estos tres pilares. El económico, por el impacto que representa tanto en el coste de los servicios públicos necesarios para hacerla sostenible como por el derivado de la actual predominancia del transporte privado. El social, por el cambio de paradigma que significa concienciar a la población urbana de la necesidad imperiosa de apostar por modos de transporte más respetuosos con el planeta. Y el ambiental, por el enorme impacto de la contaminación derivada de los modos de movilidad predominantes en todo el mundo.

Pero entonces, ¿qué entendemos por movilidad urbana? Una forma académica de definirla sería hacerlo como el conjunto de desplazamientos que las personas y los elementos de consumo necesarios para su día a día realizan, en la ciudad y en sus accesos, por todos los medios disponibles, tanto privados como públicos, ya sean motorizados o no. Resumidamente: los desplazamientos que se hacen en una ciudad y lo que la rodea.

Nos encontramos con un concepto que trasciende, con mucho, el de transporte urbano. No se trata únicamente de planificar o diseñar la mejor manera de moverse por una ciudad o de llevar de un lado a otro todo tipo de mercancías, sino de asimilar a todos los niveles sociales que la movilidad está íntimamente relacionada con los derechos de las personas y, a la vez, con la sostenibilidad del entorno en el que habitan.

Desde hace ya más de una década hablamos de «movilidad urbana sostenible», un concepto adoptado por numerosas administraciones y definido en las agendas de desarrollo de numerosos países, así como de algunas transnacionales. Es el caso de Naciones Unidas o la Comisión Europea, entre otras. De lo que se trata es de conseguir ir más allá de la primera definición que hemos visto, y no solo de estudiar cuál es la mejor manera de desplazarse por las urbes, ni de gestionar el uso excesivo del vehículo privado, sino de entender las necesidades de las personas y ser capaces de diseñar sistemas de movilidad urbana basados en esas necesidades. Porque, con el 68% de la humanidad viviendo en ciudades en 2050, como hemos visto, la pregunta es: ¿cómo se podrá conseguir encajar tantos coches en un perímetro tan reducido? Los centros de las ciudades no están preparados para tal afluencia de vehículos, ni lo estarán por mucho que los ayuntamientos estén trabajando intensamente en buscar soluciones a ello.

«Actualmente, las ciudades españolas dedican más del 60% de su espacio público (directa o indirectamente) al automóvil, sometiéndolo a unas condiciones de entorno inadmisibles. La congestión, el ruido, la contaminación atmosférica, los accidentes de tráfico o la intrusión visual son, entre otras, variables que ven superados los límites y que merman la calidad urbana y el espacio dedicado al peatón y al resto de modos de transporte. El vehículo privado condiciona, a su vez, el resto de los usos y funciones del espacio público», dice Salvador Rueda, director de la Agencia de Ecología Urbana de Barcelona, coordinador de los programas de renovación y revitalización del distrito de Ciutat Vella de Barcelona y autor a su vez del Plan de Saneamiento de Catalunya y del Programa de Gestión de Residuos del Área Metropolitana de Barcelona, lo que da fe de la intensa y directa relación entre urbanismo, movilidad y gestión de servicios.

Reconocido como el «padre» de las supermanzanas que ha impulsado el Ayuntamiento de Barcelona para priorizar en diversos barrios la movilidad peatonal y la considerada «amable» sobre la de los vehículos motorizados, para Rueda uno de los principales objetivos de las supermanzanas, por no decir el principal, es que las personas se conviertan en ciudadanos que puedan ejercer en el espacio público los derechos de intercambio, cultura, ocio y entretenimiento, expresión y manifestación, además del derecho de circulación. Al menos el 75% del espacio público debe estar dedicado al ejercicio de todos los derechos ciudadanos.

Los datos no llevan a engaño y la escalada del modelo actual de tráfico urbano, que ya no es sostenible, amenaza con colapsar este a lo largo de la próxima década en muchas ciudades, tanto de los países más desarrollados como de aquellos que adolecen de la falta de recursos con los que sí contamos en Europa o Norteamérica, porque el sinsentido no entiende de geografía ni de diferencias sociales. Se estima que el parque móvil mundial previsto para el año 2037 será de 2.243 millones de vehículos, lo que supone un incremento de 810 millones de unidades respecto al parque móvil actual.

Todas las soluciones empiezan por pequeños pero decididos pasos, y una alternativa de movilidad sostenible al coche, siempre que sea práctica y realista, permitirá a cualquier ciudad empezar a dar esos pequeños pasos que conduzcan a un gran cambio de movilidad. Para Rueda, basta con una suma de pequeñas acciones para conseguir enormes y evidentes resultados. «Reordenar la circulación con la intención de liberar el 70% del espacio público que hoy ocupa la movilidad. Es factible hacerlo con una reducción, en el caso de Barcelona, de solo un 13% de coches circulando», señala.

## Hacia nuevos modelos de ciudad

Estamos en un futuro incierto, como vemos, pero si hay una cosa clara es que hay que cambiar el modelo urbanístico predominante en las últimas décadas. Lo explica, por ejemplo, el *Libro Verde de Sostenibilidad Urbana y Local en la Era de la Información* del Ministerio de Agricultura, Alimentación y Medioambiente de España. Lo que defiende es que «el crecimiento de la motorización y el impacto de las nuevas tecnologías ofrecen muchas oportunidades, que no se han traducido en mayor accesibilidad y/o comunicación sino en todo lo contrario: en el sacrificio de los espacios urbanos y residenciales a una ciudad del tráfico o de las redes, que a la larga se define como una ciudad de la congestión o del aislamiento». Porque cierto es que, por mucho que se avance, las ciudades no cambian su forma de ser. Hace décadas que siguen un mismo patrón, en el que el coche es el protagonista, y las acciones que se toman son en función de este esqueleto.

También es verdad que los precursores, los primeros ideólogos de las ciudades actuales, ya predijeron que los modelos de transporte determinan la estructura de la ciudad, y con arreglo a esto se crearon las urbes que hoy conocemos. Unos precursores entre los que cabe destacar a grandes urbanistas como Arturo Soria o Ildefons Cerdà, quienes, ya en la segunda mitad del siglo XIX y principios del XX, aportaron una visión integrada de urbanismo y transporte a la teoría urbanística universal en sus formulaciones teóricas y en la construcción de sus propios proyectos. Barcelona, sin ir más lejos, debe la forma de las manzanas características del Eixample a la posibilidad de que los distintos medios de transporte pudieran verse en los cruces y así evitar accidentes. Vehículos antes que personas, algo tan viejo como las ciudades.

De esta forma, en el citado *Libro Verde*, cuya finalidad es ser el documento de referencia de las políticas ambientales relacionadas con el proceso de cambio de los sistemas urbanos en nuestro país, se afirma que «se debe conseguir un urbanismo que fomente el modelo de ciudad compacta, compleja y cohesionada socialmente, que fomente el ahorro energético, la movilidad sostenible, la construcción eficiente energéticamente y que desarrolle la implantación de energías renovables a nivel local». Un modelo de ciudad, pues, completamente distinto al que tenemos en la actualidad.

A nivel internacional, la ONU trata de orientar también el urbanismo a escala global con las Conferencias sobre la Vivienda y el Desarrollo Urbano Sostenible, Hábitat, que se celebran cada 20 años y la última de las cuales, Hábitat III, tuvo lugar en Quito, Ecuador, en octubre de 2016. Joan Clos, exalcalde de Barcelona y secretario general de dicha conferencia, lo expresaba así en su presentación: «Es cierto que la urbanización puede acrecentar los problemas del mundo, pero las ciudades poseen un potencial inmenso para generar las innovaciones que se precisan para solucionar o revertir muchos de ellos. Las ciudades tienen una poderosa capacidad para impulsar cambios positivos, sacar a millones de personas de la pobreza, allanar el camino a la igualdad social y poner freno al cambio climático».

Visto esto, nos podemos preguntar: ¿qué camino hay que seguir? ¿Es realmente el modelo el que debe cambiar? ¿Cómo? Son preguntas sin fácil respuesta y, de hecho, no encontraremos un punto de vista común entre los entendidos en el tema. A mi modo de ver, creo que la administración debe aportar impulso y vitalidad desde abajo hacia arriba, pero sin olvidar a nadie. Una ciudad no son solo los expertos. Ni los gobernantes. Ni los ciudadanos. Ni las asociaciones. Ni los turistas. Una ciudad es la suma de cada uno de estos actores. Las autoridades no dejan de ser una parte de sus propias ciudades. Son ellas, junto a los ciudadanos, organizados en entidades y movimientos sociales, quienes además de hacer efectivos muchos cambios pueden forzar los cambios legales que garanticen esos nuevos modelos.

«Este planeta es básicamente urbano y sobre todo megametropolitano. El peso de las ciudades cada vez es mayor, es en esta Babel del siglo XXI donde se perfila nuestro modelo de sociedad y gobernanza. Pero a su vez, paradójicamente, también el territorio más vulnerable del planeta. Debemos cambiar el modelo de ciudad. ¿Cómo lo conseguiremos? Con una alianza entre profesionales, científicos y movimientos sociales. Todos estos movimientos, que también nacen en la ciudad, están impactando en la conciencia de la mayoría de los ciudadanos.» La reflexión, que suscribo, es del sociólogo Manuel Castells, ministro de Universidades. Es el momento de cambiar las cosas, así que pongámonos en marcha.

## De la ciudad del individuo a la del colectivo

Estamos viendo que las ciudades no se entienden como entes solitarios y aislados de su entorno. No. Debemos verlas como propiedad de los ciudadanos y de quienes las conforman, que son los que las deben moldear y definir en función de lo que ocurre y necesitan. Esta es la principal reivindicación del derecho a la ciudad, un concepto que data de 1968, cuando el francés Henri Lefebvre escribió un libro del mismo nombre para denunciar las consecuencias negativas en las urbes de los principios de la economía capitalista.

Se trata, según Lefebvre, de restaurar el sentido de ciudad, instaurar la posibilidad del «buen vivir» para todos y hacer de la ciudad «el escenario de encuentro para la construcción de la vida colectiva». Esta vida colectiva se puede edificar sobre la base de la idea de la ciudad como producto cultural, colectivo y, en consecuencia, político. La ciudad es un espacio político donde es posible la expresión de voluntades colectivas, es un espacio para la solidaridad, pero también para el conflicto. De su libro se pueden extraer dos implicaciones: por un lado, que la crisis de la ciudad amenaza a la sociedad, y por otro, que, para superar esta crisis (que viene de la sociedad capitalista y su propia concepción), se necesita una estrategia democrática. Solo así se puede acabar con esta urbanización destructiva propagada por el modelo capitalista de producción.

Esta visión de Lefebvre no es la única. Los efectos de la urbanización sin medida también fueron detallados por Melvin Webber. Así, a pesar de no comulgar siempre con las ideas de Lefebvre, Manuel Castells afirma que el francés ha sido «el mayor filósofo de las ciudades que ha habido nunca», si bien le reprocha que su estilo sea demasiado teórico: «Lefebvre no tenía la menor idea sobre el mundo real, en absoluto; no sabía cómo funcionaba la economía, cómo funcionaba la tecnología, cómo se estaban construyendo las nuevas relaciones de clase..., pero tuvo la genialidad de intuir lo que realmente estaba ocurriendo», recuerda.

Las ideas de Lefebvre, olvidadas durante años, fueron tomando fuerza en las últimas décadas y el Programa de Naciones Unidas para los Asentamientos Humanos (ONU-Hábitat) las recuperó en 2004 para redactar la Carta Mundial por el Derecho a la Ciudad. En el artículo XIII de ese documento hay un apunte clave para el tema que estoy tratando en el libro y que relaciona lo dicho hasta ahora: «Las ciudades deben garantizar a todas las personas el derecho de movilidad y circulación, de acuerdo con un plan de desplazamiento urbano e interurbano y a través de un sistema de transportes públicos accesibles, a precio razonable y adecuado a las diferentes necesidades ambientales y sociales (de género, edad y discapacidad)». ¿Qué quiere decir esto? Que la movilidad se define como un derecho asociado al transporte público.

En la misma conferencia en la que se presentó la Carta Mundial por el Derecho a la Ciudad, la conferencia Hábitat III de Quito, se aprobó la Nueva Agenda Urbana, que buscaba promover ciudades más incluyentes, compactas y conectadas mediante la planificación y el diseño urbano, la gobernanza y la legislación urbana, y la eco nomía urbana, con numerosas acciones que debían ser implementadas por los Estados que la suscribieron. En este documento la movilidad se entiende como una función, no solo de conexión, sino como medio para desarrollar necesidades básicas como «la instauración de redes de calles y espacio público, asociada al uso de las plantas bajas y el comercio, la seguridad y la posibilidad de reunir a las personas en los espacios públicos y que se promueva la circulación a pie y en bicicleta, con el objetivo de mejorar la salud y el bienestar».

También este modelo de ciudad en el que el colectivo es lo importante aparece en los Objetivos para el Desarrollo Sostenible (ODS), que forman parte de la Agenda 2030 sobre el Desarrollo Sostenible, aprobada por la ONU en 2015. En ellos se hace referencia a la necesidad de «garantizar una vida sana y promover el bienestar para todos en todas las edades». Se definen 13 metas específicas, entre las cuales la movilidad aparece en sexto lugar, «para reducir en 2020 a la mitad el número de muertes y lesiones causadas por accidentes de tráfico en el mundo», y también, de forma implícita, en la número 9 «para reducir en 2030 sustancialmente el número de muertes y enfermedades producidas por productos químicos peligrosos y la contaminación del aire, el agua y el suelo», ya que la ocasionada por el tráfico motorizado es un factor muy importante en esa contaminación. Vale la pena igualmente destacar el objetivo 11, que tiene en cuenta la polución causada por todo acto humano y alude a la necesidad de «reducir el impacto ambiental prestando especial atención a la calidad del aire y la gestión de los desechos municipales y de otro tipo». Movilidad y sostenibilidad, un binomio que vemos que en este siglo XXI, y en lo que a las ciudades se refiere, debe ir de la mano.

Y para llevar a cabo la implementación de medidas que permitan cumplir estos objetivos, ya sea total o parcialmente, es imprescindible repensar el modelo de ciudad, reajustando las áreas edificadas existentes, mejorando la calidad de vida y minimizando los problemas generados por la congestión del tráfico. Todos estos aspectos inciden en la calidad de vida en la ciudad, pasando a considerar como elementos secundarios el desarrollo, la productividad o el rendimiento, factores que han condicionado históricamente de manera negativa la planificación urbana o, incluso, evitado que dicha planificación ni tan siquiera se llevara a cabo. Del individuo al colectivo.

En este sentido, me gusta el concepto de ciudad abierta desarrollado por el ya citado Joan Subirats: «La ciudad requiere vivirla, sentirla, descubrirla. Un migrante que llega a la que será su nueva ciudad tiene experiencias vitales en ella, pero aún no tiene experiencia de ciudad. La diferencia es que los que tienen experiencia de ciudad son capaces de mantenerse abiertos a nuevas eventualidades sin que ello implique perder el control de dónde están, de quiénes son». Personas por delante de individuos. Subirats, precisamente, cita a Lefebvre y su «derecho a la ciudad» defendiendo su vigencia: «Hoy, renace con fuerza esta expresión, en conflicto directo con los grandes fondos de inversión, sus inversiones inmobiliarias y la despreocupación con la que tratan los efectos colaterales que esto genera».

Y es que la idea es construir ciudades que sintamos definitivamente como nuestras, que permitan ganar esos espacios que hace decenios nos arrebataron unos modelos de urbanismo y movilidad que resultan tan ajenos al ser humano. ¿Has percibido alguna vez la gran diferencia que experimentamos cuando paseamos con respecto a cuando cruzamos a toda velocidad en coche el mismo paisaje urbano? A algunos, esa sensación de velocidad les puede resultar satisfactoria, pero nunca será legítima si es a costa de la tranquilidad y el bienestar de otro. Por no hablar del ruido, la contaminación y los riesgos que padecemos en nuestras ciudades al poner un pie en la calle. Ha llegado el momento de recuperarlas y hacerlas nuestras.

«Una ciudad abierta es una ciudad que permite que pasen cosas simultáneamente, más bazar que catedral. Una ciudad que no pierda puntos de referencia, identidad propia, pero al mismo tiempo porosa, capaz de absorber sin cambiar de forma. Una ciudad siempre incompleta y, por tanto, capaz de adaptarse, como trata de hacer Barcelona con las supermanzanas, permitiendo que se mantenga su capacidad de explorar nuevas posibilidades», dice Subirats.

Como vemos, no se trata de resolver los problemas del urbanismo y de la movilidad desde un punto de vista técnico y por separado, sino que ambos conceptos deben abordarse de forma conjunta para dar respuesta a las demandas sociales de la población. Una planificación basada en conceptos como la proximidad entre la vivienda, el trabajo y los bienes y servicios públicos, que contemple espacios de ocio y que tienda a eliminar la sensación de que las ciudades están al servicio de los vehículos en lugar de estar a disposición de las personas.

Porque incorporar la calidad de vida al desarrollo urbano es mucho más que una necesidad y, para ello, hay que diseñar las estrategias que permitan organizar la ciudad, no solo desde el punto de vista espacial, sino también funcional, previendo todos los efectos del funcionamiento diario de la urbe, incluida la movilidad, para crear las condiciones que mejoren el día a día de sus habitantes.

## La conectividad como *leitmotiv*

Las personas, el colectivo, deben ser las y los protagonistas por delante de un modelo de ciudad capitalista. Pero esto no debe estar reñido con algo importante a tener en cuenta: en la planificación de las estrategias futuras de movilidad, la interdependencia entre las infraestructuras de transporte y las actividades productivas y económicas toman mucha importancia. Pensarás que es una contradicción. Y lo puede parecer a simple vista. Pero déjame tratar de explicarte porque, bajo mi punto de vista, no lo es.

Las infraestructuras de transporte y las actividades productivas, tanto en el aspecto social como en el económico, pueden actuar sobre la población de modo positivo si facilitan la conectividad y el fácil acceso a bienes y servicios o, por el contrario, negativamente si sirven de barreras que segregan a una parte de la población por su poder adquisitivo al promover modelos de urbanismo de alto coste económico y social para las políticas públicas.

Un claro ejemplo de estas políticas segregadoras son las vías rápidas en el interior de las ciudades, pensadas exclusivamente para los desplazamientos de vehículos privados y que tienen un agresivo impacto urbano al separar y dejar al margen a barrios enteros.

El crecimiento de las ciudades en extensión crea diversos problemas, tanto desde el punto de vista de la movilidad como en lo que se refiere al acceso a los bienes y servicios públicos. Por un lado, cuando se crea una infraestructura en un área no urbanizada próxima a una ciudad, se está dando pie al inmediato desarrollo inmobiliario y al aumento de precios del suelo. Al mismo tiempo, si las nuevas viviendas que se construyen alrededor de esa infraestructura no están dotadas de los necesarios servicios públicos, se genera una dependencia de zonas alejadas para satisfacer las necesidades básicas de los nuevos ocupantes de la zona. Un ejemplo claro de esto es Los Ángeles, donde el coche es el rey y las parcelas residenciales han surgido extendiéndose hasta donde alcanza la vista, con su trasiego permanente de personas, su movilidad hiperextendida. Una ciudad lista para implosionar donde los contrastes y las paradojas se mezclan.

Como dice el geógrafo David Harvey, en estas circunstancias «la ciudad se corta en partes diferenciadas y varios de estos microespacios parecen haberse creado allí. Barrios ricos, dotados con toda clase de servicios, se intercalan con asentamientos ilegales en los que no hay acceso al saneamiento, el agua solo se encuentra en las fuentes públicas y solo tienen acceso a la electricidad aquellos privilegiados que saben cómo engancharse ilegalmente».

Estas diferencias hacen que la movilidad se resienta debido al mayor número de viajes, a las distancias que hay que recorrer y al tiempo necesario para ello, además del coste económico que supone. Es decir, a medida que la ciudad crece en superficie, aumentan los traslados y la cantidad de horas no productivas que deben dedicarse a ellos. Cierto es que las ciudades ya están trabajando en solucionarlo, y una de las acciones más importantes en este sentido la está tomando el Ayuntamiento de Barcelona con la creación de la

Zona de Bajas Emisiones (ZBE), que pretende remodelar el tráfico al prohibir el acceso a una gran cantidad de coches, una afluencia de unos 50.000 vehículos, el 23% del parque que habitualmente circula por las vías afectadas. Como explica Janet Sanz, teniente de alcalde del Ayuntamiento de Barcelona, es una medida que pretende «dar respuesta a los vecinos y vecinas que sufren una carencia de la calidad del aire»; una medida, como vemos, en la línea de pensar más en el colectivo que en el individuo.

Sin embargo, las medidas que se puedan tomar deben pensar en la conexión. Debido a las carencias de los servicios públicos de transporte desde las zonas periféricas hacia el centro de las grandes ciudades, en el que se concentran negocios, oficinas y zonas comerciales, se produce una aglomeración de vehículos privados con la consiguiente sucesión de atascos, problemas de aparcamiento, saturación y contaminación. Es por este motivo que, en Barcelona, por ejemplo, se han potenciado los carriles Bus y VAO (vehículos de alta ocupación) en las carreteras que llegan a la ciudad para que los resultados sean realmente efectivos.

«Hace años que sabemos que el espacio que ocupa el coche en la ciudad es muy superior al de sus usuarios habituales. Las ciudades del siglo XX se construyeron y crecieron desde la perspectiva del vehículo privado y, en definitiva, las relaciones sociales se tuvieron que adaptar a ese modelo», señalaba Joan Subirats en una entrevista a *El Periódico de Catalunya*. Debemos, así, dar un paso adelante y crear estrategias que complementen la reducción de los vehículos y los cambios en la morfología de las ciudades.

## Estrategias *ad hoc*

Hasta la fecha, las medidas adoptadas en la mayoría de las ciudades que han intentado tomar cartas en el asunto para remediar las negativas consecuencias económicas, ambientales y de salud producidas por la mala planificación de la movilidad no están dando grandes resultados. La explicación es sencilla: algunas de ellas se basan, de forma exclusiva, en penalizar económicamente el acceso al centro de las urbes. Tanto si se trata de cobrar una tarifa que permita circular por determinadas vías o acceder a las zonas céntricas, como si la medida se basa en cobrar tasas de aparcamiento en cualquier calle o espacio público, estamos hablando de supuestas soluciones que actúan de modo discriminatorio respecto a las personas con menor capacidad económica. Estas medidas, además, solo se están contemplando en grandes ciudades europeas.

En Londres, donde he vivido varios años, se implantó en el año 2003 una tarifa que grava el acceso al centro a todos los vehículos. La llamada Tarifa de Congestión cuesta actualmente 11,5 libras diarias (unos 15 euros) y se aplica de lunes a viernes entre las 7 y las 18 horas. Además, desde finales de 2017 se cobra otra tasa, de 10 libras diarias, llamada T-Charge, a los vehículos matriculados antes de 2006 con el objetivo de lograr una zona de bajas emisiones. Estas medidas, que inicialmente fueron acogidas con un razonable nivel de aceptación, están hoy sujetas a fuerte controversia al ser muchos los ciudadanos que creen que no han conseguido el objetivo de reducir de manera importante el tráfico en la ciudad y que se mantienen únicamente por un afán recaudatorio.

Otras ciudades, en cambio, tratan de disuadir a costa de dificultar el aparcamiento. Se trata de un intento de desincentivar el uso del automóvil privado en áreas saturadas o inmediatas a vías de conexión con transporte público reduciendo la construcción de nuevos aparcamientos, ya sean estos de pago o gratuitos. No es sino otra medida que deja la solución del problema en manos de cada individuo, que debe decidir cómo moverse por la ciudad y que depende, además, de la facilidad para moverse por la ciudad en medios alternativos al automóvil.

En Copenhague, por ejemplo, con la reducción de las plazas de aparcamiento disponibles, la proporción de personas que van en coche a trabajar ha caído de un 22% a un 16%. Claro está, que la orografía de la capital danesa, prácticamente llana, junto con la costumbre tan arraigada en la población de Dinamarca de utilizar frecuentemente la bicicleta, ha contribuido a este pequeño éxito. Pero ¿es exportable esta supuesta solución a ciudades con pendientes pronunciadas, como Lisboa, o a otras con un tráfico caótico que convierte la circulación en bicicleta en un deporte de riesgo, como Roma o Nápoles? Solo por citar varios ejemplos de ciudades europeas.

Aun así, son numerosas las corporaciones municipales que se plantean la reducción de las plazas de aparcamiento como medio de limitar el tráfico. Muchas de ellas, no obstante, se olvidan de que, paralelamente a dicha reducción, es imprescindible priorizar el desarrollo de zonas urbanas transitables a pie y de un estilo de vida urbana que no haga necesaria la utilización del coche para la mayoría de actividades diarias.

Por ejemplo, cuando se construye un edificio, los aparcamientos son espacios cuya construcción y mantenimiento implican un aumento de las emisiones de $CO_2$ durante la vida útil del edificio, al estar condenados a su uso. Teniendo en cuenta además que en un futuro el papel del coche es discutible, ¿no sería interesante que la administración prohibiese la construcción de aparcamientos privados en los nuevos edificios de uso exclusivo para oficinas? En mi opinión, la construcción de aparcamientos supone un contrasentido con el nuevo planteamiento de movilidad que pretende pacificar los barrios y mejorar los estándares de ruido y polución ambiental.

¿Y qué pasa con todas estas medidas? Que afectan a las personas con menos recursos. No todo el mundo puede pagar un peaje urbano. Ni tener un aparcamiento privado. Se penaliza, pues, a los que tienen menos dinero, mientras que la gente con más renta no ve su vida afectada. En Shanghái es absurdo tener un coche. No te sale a cuenta. Los pocos que tienen coche son los «nuevos ricos». Porque el coche ya no es una necesidad, sino que es un *show-off* que permite demostrar estatus social. Todo esto hace que las medidas que se acaban por tomar no sean lo suficientemente restrictivas para ser efectivas: un tema político afecta a uno técnico y, por lo tanto, no se cambia el modelo. Estando frente a una emergencia climática, no nos podemos quedar de brazos cruzados. Debemos actuar.

Pongamos como ejemplo el aparcamiento. Lo normal sería que los coches, si están parados, estén aparcados fuera de la ciudad. Que no ocupen el espacio público que tendría que estar destinado a que la gente pasee y los niños jueguen. Pero ahora, precisamente por el asunto de la renta que comentaba con anterioridad, esto no sucede.

Por muy poco dinero puedes aparcar en la calle al lado de casa. ¿Y si pensáramos del mismo modo que cuando se otorga una cédula de habitabilidad, que obliga a que la vivienda tenga unas características mínimas para ser habitable? Esto querría decir que si tienes un coche debes tener dónde aparcarlo. Igual que el lavabo o la cocina, el coche deberías tener dónde guardarlo.

«Pero Pep, antes decías que era injusto porque no todo el mundo puede pagar», me dirás. Y es verdad. Pero démosle la vuelta. Hay quien podría argumentar que lo que hay que hacer con la población con menos recursos es subvencionar: quien más tiene paga a quien menos tiene. Estaremos de acuerdo en que no puede ser que un multimillonario tenga derecho a ocupar la vía por el mismo importe que un mileurista. Debemos aplicar mecanismos de redistribución de la utilización del espacio público en función de la renta. Impuestos de ocupación del espacio público en función de la renta. Ya existe el IRPF, que es un impuesto progresivo. Vinculemos la ocupación del espacio público con el IRPF, algo que con la tecnología sería muy fácil y permitiría reducir el tráfico de las calles.

Como he mencionado en un capítulo anterior, en los últimos años el patinete eléctrico ha ganado también terreno en las calles por su facilidad de conducción, implementación y facilidad de uso. Las alternativas de *sharing* son, así, uno de los ejes sobre los que las ciudades deben apoyarse para acometer los cambios que están llegando y que tanto luchan por conseguir. Asimismo, en lugar de apostar por soluciones como la de la bicicleta, u otras que contribuyan a reducir los altos índices de contaminación, en algunas ciudades se están poniendo en marcha las prohibiciones temporales de circulación, que se activan en periodos determinados en función del deterioro de los índices de calidad del aire en el centro de las urbes. En principio, sus defensores indican que no se trata de una medida discriminatoria, ya que se aplica con carácter general. Sin embargo, en la mayoría de los casos esta restricción se impone solo a los vehículos con más antigüedad, que suelen ser propiedad de las personas con menores recursos económicos. De este modo, la capacidad adquisitiva vuelve a ser determinante para acceder a una zona concreta.

Es lo que ocurre, por ejemplo, en Madrid Central, zona de bajas emisiones que se puso en marcha a finales de noviembre de 2018 y a la que solo pueden acceder vehículos con el distintivo ambiental que ha establecido en España la Dirección General de Tráfico: 0 o ECO, y también los de distintivo B o C siempre y cuando estacionen bajo determinadas condiciones.

En Barcelona hay una situación parecida. Como hemos visto, el 2 de enero de 2020 se implantó la Zona de Bajas Emisiones (ZBE), con el objetivo de reducir hasta un 15 % los niveles de contaminación en la ciudad. Afecta también únicamente a determinados vehículos y en los primeros meses tras su entrada en vigor no generó ninguna polémica similar a la desatada en torno a Madrid Central.

El riesgo de estas medidas es que sean percibidas como una acción que busca renovar el parque automovilístico retirando los vehículos antiguos. Yo no lo veo así y creo que sus promotores, tampoco. Detrás de esta «fachada» hay una clara intención de transformar, de cambiar las cosas. Por encima de la diferencia de opiniones, lo que quizá es interesante ver es que sin una coordinación global será complicada cualquier medida. Me explico. De la misma forma que la gestión del agua ha pasado a entes supramunicipales, en este caso los Ayuntamientos deben dar un paso adelante y ceder la gestión de la movilidad a las entidades metropolitanas. Solo así podrán adoptarse medidas más globales, más coordinadas y que conlleven una normación con capacidad efectiva de transformar el *status quo*. Necesitamos entidades metropolitanas fuertes que lideren los procesos normativos en el campo de la movilidad, que abandonen el papel de mero «consejero» o «acompañante» en los procesos de normación e implementación divergente en cada Ayuntamiento allí donde el fenómeno metropolitano sea una realidad. Efectivamente, en estas áreas, las personas que se desplazan por razones laborales siguen teniendo un grave problema. No pueden entrar con su coche al municipio de su centro de trabajo, pero tardan 3 veces más que antes. Y no puede ser.

El problema de toda esta teoría y «pruebas» que se están haciendo es que fallan. Y lo hacen por que no se analiza la situación correctamente. Hace unas páginas hablábamos de urbanismo y transporte. No se puede abordar su normación de manera segregada, y es cierto, pero tampoco sin tener en cuenta la seguridad y la educación. Para que la gente acepte la implementación de medidas restrictivas, los poderes públicos deben ofrecer, o invertir o permitir alternativas, como son utilizar el transporte público o ir en patinete eléctrico o bicicleta ¿Quieres que la gente vaya más en bici? Pues entonces invierte para que no roben las bicis. Y enséñales que el transporte compartido, como el del patinete eléctrico, es una alternativa. Hay un mantra a romper: a los 18 quiero coche como mi padre. En este sentido, vale la pena reconocer el trabajo que está realizando la AMB fomentando el uso de la bicicleta entre niños y adolescentes como medio de transporte. No obstante, estas medidas han sido criticadas tanto por su falta de equidad como por no ofrecer soluciones reales al problema de la movilidad en las ciudades. Se les ha reprochado que se centran solamente en la limitación del uso privado de los vehículos como modo de desplazamiento urbano, y que han olvidado, de forma intencionada o no, que un transporte público de calidad es la piedra angular de una solución adecuada. Todo ello siempre que vaya acompañado de un sistema intermodal entre coche privado y red pública de transporte que permita acceder a estas áreas de elevada contaminación con el menor impacto ambiental posible.

Debemos pensar en soluciones que no discriminen, sino que integren. En soluciones que no segreguen, sino que sumen. Es responsabilidad de las autoridades poner la salud por delante de la política, la movilidad y el medioambiente por delante del dinero. Es obrar, en definitiva, un cambio de paradigma que permita que las ciudades, como estamos diciendo, sean de los ciudadanos, de quienes las habitan, y no de los pocos que cuentan con el privilegio de tener el dinero para hacer y deshacer a su antojo.

## Madrid Central

Madrid Central comenzó a funcionar el viernes 30 de noviembre de 2018 como zona de bajas emisiones. Esta medida, contenida en el Plan A de Calidad del Aire y Cambio Climático, favorece al peatón, a la bicicleta y al transporte público, que gana en protagonismo y espacio. La reforma de calles como Gran Vía o Atocha también produce este efecto positivo. El distrito Centro se convierte así en un pulmón para la ciudad en pleno corazón de Madrid.

Con una superficie de 472 hectáreas, en su interior no hay calles de libre circulación, salvo algunos viales con objeto de permitir determinadas incorporaciones, por lo que se elimina el tráfico de paso por el centro de la ciudad. Con la disminución de tráfico que esto representa se evitan un 40% de las emisiones de dióxido de nitrógeno ($NO_2$), un contaminante que afecta a la salud y cuyos niveles incumplen la normativa desde 2010.

El beneficio de Madrid Central no es solo un aire más limpio, sino que también supone menos ruido y la liberación de espacio público para dar protagonismo a las personas que viven y visitan el distrito en un entorno más acogedor y saludable.

Según un informe de la Federación Europea de Transporte y Medioambiente (T&E), ha sido calificada por diversos medios como la zona de bajas emisiones más eficaz de las capitales europeas debido a una reducción del 32% de polución por dióxido de nitrógeno, la mayor registrada en el informe. Así, frente a las cifras de Madrid, encontramos reducciones de $NO_2$ menos significativas en el caso de Berlín (7-10%), Bruselas (4,7%) o Lisboa (12% en la zona 1 y 22% en la zona 2 de la ciudad).

Os cuento una pequeña anécdota. Cuando monté mi empresa anterior, Fever, pasaba mucho tiempo en Madrid. El centro de la ciudad era una jungla, llena de coches y ruido. En junio de 2020 estuve paseando durante varias horas por el centro de Madrid. Es cierto que la gente estaba confinada en casa por la Covid-19, pero la experiencia fue espectacular. La plaza de la Independencia (con la famosa Puerta de Alcalá) es probablemente la plaza que más he visitado en toda mi vida. Allí tuvimos la oficina que hizo crecer a Fever, y recuerdo que, en verano, siempre que teníamos una reunión, teníamos que cerrar todas las ventanas y poner el aire acondicionado, pues era imposible mantener una conversación sin escuchar todo el ruido de fondo. Ese mismo junio de 2020, al atravesar la Puerta de Alcalá, me di cuenta del sentido que tiene para mí ayudar a construir una empresa como Reby, y cómo esto era para mí una evolución natural, una forma de plasmar mi propuesta de solución para aquello que me preocupa. Una manera de aportar mi granito de arena. Madrid es otra ciudad sin coches. Y Madrid es una ciudad excepcional para ir en bici. Quién lo diría hace 5 años.

**¿QUÉ VEHÍCULOS PUEDAN ENTRAR EN MADRID CENTRAL?**

| | **Zero** emisiones | Etiqueta **ECO** | Etiqueta **"C"** | Etiqueta **"B"** | Sin etiqueta |
|---|---|---|---|---|---|
| **Residentes** | ✓ | ✓ | ✓ | ✓ | ✓ Hasta 2025 |
| **Coches no residentes** | ✓ | ✓ | ✗ Excepto parking/garajes | ✗ Excepto parking/garajes | ✗ |
| **Motos no residentes** | ✓ | ✓ | ✓ 7.00-22.00h | ✓ 7.00-22.00h | ✗ |
| **Invitados** (max. 20 al mes) | ✓ | ✓ | ✓ | ✓ | ✓ Hasta 2020 |
| **Carga / descarga** | ✓ | ✓ | ✓ Horario estandar | ✓ Horario estandar hasta 2020 | ✗ |

**Figura 6.** Detalle de las restricciones de acceso a Madrid Central

## Zona de Bajas Emisiones de Barcelona

La Zona de Bajas Emisiones de Barcelona (ZBE) se puso en marcha en la ciudad condal el 2 de enero de 2020 con el objetivo de reducir en un 15 % los niveles de contaminación. La ZBE de Barcelona está formada por el tráfico rodado del área delimitada por la Ronda de Dalt y la Ronda Litoral. Las rondas están excluidas de la zona de bajas emisiones. De esta manera, se ve afectada toda la ciudad de Barcelona, a excepción de la Zona Franca y los barrios de Vallvidrera, Tibidabo y Les Planes, en la zona alta de la urbe.

Según el Área Metropolitana de Barcelona (AMB), unos 36.000 vehículos dejaron de circular por la zona restringida entre noviembre de 2019 y febrero de 2020.

Antoni Poveda, vicepresidente de Movilidad, Transporte y Sostenibilidad del AMB, esperaba que entre febrero y abril de 2020 se hubieran «reducido 30.000 vehículos más». Es decir, que entre noviembre de 2019 y abril de 2020 se hubiera «reducido la circulación en 66.000 vehículos contaminantes». Esto, añade, comporta una disminución de 2.600 toneladas mensuales de $CO_2$, «que es el equivalente a la absorción mensual de 158.000 árboles».

En Madrid, durante el estado de alarma a causa del coronavirus, los vehículos sin la pegatina de la DGT no pudieron moverse por Madrid Central, a no ser que fuesen residentes o formaran parte de los colectivos autorizados (personas de movilidad reducida, conductores que llevan o recogen a escolares, turismos de establecimientos comerciales situados en el área afectada...). Quienes infringieron la normativa se expusieron a ser sancionados.

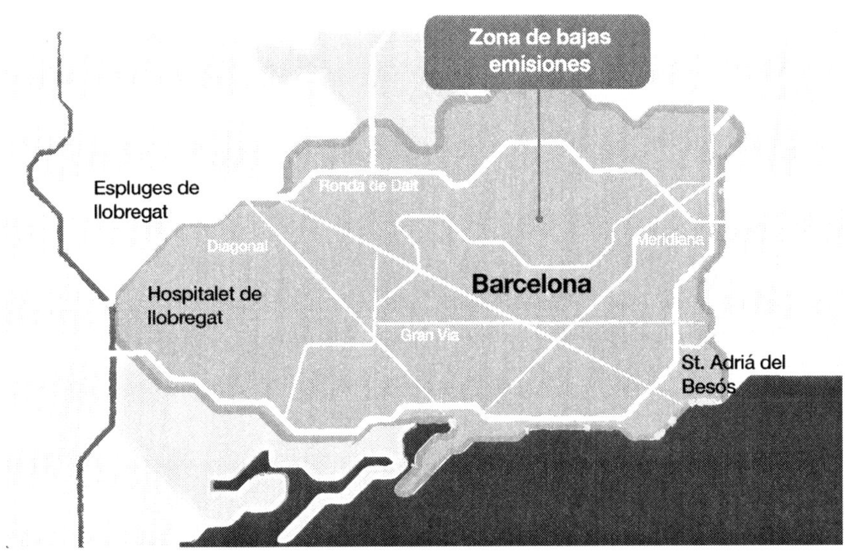


**Figura 7.** Mapa de implementación de la Zona de Bajas Emisiones en Barcelona

En la ZBE de Barcelona, las multas por incumplir la normativa debían empezar el 1 de abril, pero, con la declaración del estado de alarma, el Ayuntamiento decidió posponer la activación del régimen sancionador hasta un mes después de su finalización. El tiempo y, sobre todo, los datos darán cuenta de la efectividad de estas medidas, tímidas y lejos del calado de las que han adoptado otras ciudades fuera de España, pero en cualquier caso un paso más hacia la racionalización de la movilidad.

## La coordinación: imprescindible

Hablamos de Madrid Central, de la ZBE y lo apuntaba hace unas páginas: todas las soluciones que se consideren necesarias para orientar a las ciudades hacia una movilidad sostenible requieren de un marco político, legal y económico que permita su implantación y que asegure que las mismas se llevan a cabo respetando las necesidades básicas de las personas. Algo que solo puede aplicarse de manera efectiva teniendo en cuenta la realidad de cada ciudad, de su entorno geográfico, de la tipología de su población, de su economía e, incluso, de su clima.

Por todo ello, la movilidad urbana es mucho más que la disponibilidad de los medios que permiten trasladar personas y materiales. Requiere coordinar las políticas de todos los sectores implicados, desde el transporte al urbanismo, pasando por la economía, el medioambiente y la seguridad, teniendo presente el modelo de ciudad que se quiere lograr. Hoy en día, la mayoría de las tendencias que tienen en cuenta aspectos como salud, medioambiente, eficiencia energética y derechos de las personas apuntan a que el crecimiento de las ciudades debe ser compacto al cien por cien.

Un modelo de ciudad compacta, opuesto al crecimiento por extensión, se basa en asegurar la proximidad de los usos para la satisfacción de las necesidades básicas. Sus principios generales deben irse concretando en procesos urbanísticos de largo alcance que exigen una coordinación compleja entre diferentes agentes públicos y privados de los sectores mencionados anteriormente, procesos que incluyen, entre otros, la expulsión del tráfico pesado del centro de las ciudades, la implantación de vías rápidas de circunvalación, el establecimiento de centros logísticos para la recepción y distribución de mercancías, el traslado de las industrias ambientalmente problemáticas fuera del núcleo de la ciudad —manteniendo en la misma aquellas que puedan ser compatibles con el modelo— o el acondicionamiento de los núcleos urbanos para el disfrute de los peatones y la animación del comercio de proximidad.

Las actividades propias de cualquier concentración urbana generan un alto volumen de desplazamientos, por lo que la planificación del modelo de ciudad incide enormemente en el aumento o disminución del número de viajes. En este aspecto de la movilidad, la densidad de población en las distintas zonas de una urbe es fundamental. La distinta densidad de cada área tiene efectos distintos sobre los desplazamientos y, por tanto, se debe prever cómo estos afectarán al sistema urbano, tanto por la movilidad en sí misma como en relación con la demanda de bienes y servicios.

La planificación urbana debe asegurar una adecuada proyección de la densidad que permita un mejor desarrollo y limite los inconvenientes derivados de las aglomeraciones —teniendo en cuenta, por ejemplo, que el desarrollo inmobiliario se corresponda con las capacidades viales— y, cuando esto no se cumpla, prever las soluciones de creación de infraestructuras o de los nuevos servicios precisos para que las nuevas demandas de viviendas no sobrecarguen el sistema existente. Si no se consigue un equilibrio razonable entre densidad y servicio público, se acentúan los problemas de congestión en las nuevas urbanizaciones o en otros puntos de la ciudad.

En la planificación urbana actual se considera un aspecto esencial la mezcla e integración de usos para decidir los servicios necesarios. La compatibilidad de estos usos es una cuestión clave para asegurar la calidad de vida, diseñando zonas o ejes que mantengan una vida urbana activa y una distribución equitativa de los bienes y servicios públicos. Áreas bien dotadas de bienes, servicios y lugares que generen puestos de trabajo permiten reducir los desplazamientos, sostener actividades urbanas diversas y mantener las economías locales. La legislación catalana sobre movilidad (Llei de mobilitat de 13 de junio de 2003) recogió esta necesidad y la incorporó expresamente como directriz general en todos los instrumentos de planificación: «Tienen una consideración especial y específica los instrumentos de planificación que permiten la aproximación entre la vivienda, el trabajo y los servicios complementarios, como los equipamientos educativos, sanitarios o culturales, y que evitan y reducen los costes sociales vinculados a la movilidad obligatoria». La solución ideal, además, pasa por garantizar que esos bienes y servicios sean públicos y de calidad, para que sus habitantes no se vean discriminados.

En esa misma línea, una red amplia y eficiente de transporte público es el mejor modo de mejorar la igualdad en el acceso a los bienes y servicios y en la movilidad de las personas hacia cualquier punto de la ciudad. Tal como ya se ha indicado, cualquier nuevo desarrollo urbanístico, especialmente los orientados a la vivienda, debe llevar aparejada la garantía de que cuenta con el transporte público necesario o, de no ser así, de planes de nuevas creaciones que subsanen ese defecto para evitar el incremento de la movilidad privada o la saturación de la red ya existente. Por ejemplo, en el municipio de El Masnou, en la provincia de Barcelona, la Normativa Urbanística recoge en el artículo 272 el número de plazas de aparcamiento mínimas que toda construcción de nueva vivienda debe incluir.

El Plan de Movilidad Urbana de la ciudad de Barcelona para el periodo 2013-2018, de sumo interés, seguía los citados principios para planificar unas líneas de actuación que «deben gobernar la movilidad urbana en los próximos años, teniendo como horizonte estratégico continuar avanzando hacia un modelo de movilidad colectivo más sostenible, eficiente, seguro, saludable y equitativo». En el plan se plantean un conjunto de medidas para «dar más protagonismo a los peatones y a los ciclistas, fomentar el uso del transporte público colectivo y reducir el uso del vehículo privado, con el objetivo de mejorar la calidad de la ciudad, la seguridad vial y la eficiencia del conjunto del sistema de movilidad».

Unos principios de planificación urbanística que pueden ser puestos en práctica en cualquier ciudad y que, con la problemática ambiental creciente, son de urgente aplicación si se pretende reducir la contaminación, ganar en salud y mejorar la calidad de vida. Porque hemos llegado al punto de que muchos ciudadanos prefieren utilizar el coche en lugar de realizar a pie, en bicicleta o patinete trayectos cortos por la sensación de seguridad que les produce. Una «perversión» de la movilidad y del sentido común que denuncia el urbanista Ole Thorson, director de la consultora de movilidad INTRA, presidente de la Asociación de Prevención de Accidentes de Tránsito y durante muchos años también presidente de la Federación Internacional de Peatones: «El gran número de coches en las calles de las ciudades crea un ambiente cargado de ruidos, polución y accidentes, que a su vez hace el traslado a pie incómodo y peligroso. Esta incomodidad hace que aumente la tentación de usar más el coche. Ya hemos entrado en la espiral que ha convertido las calles de nuestras ciudades en un lugar agresivo del cual huimos».

Responsable de la planificación del tránsito en muchas ciudades españolas, europeas y sudamericanas a lo largo de su dilatada carrera, Thorson apela a ese nuevo concepto de movilidad más humana. «Si no empezamos a valorar mejor la vida y el futuro de los ciudadanos, si no ponemos la integridad física de los miembros de nuestra sociedad muy por encima del valor del tiempo y de la ganancia económica, está cantado el fracaso del civismo y de la convivencia», señala.

Sea como sea, lo que queda claro es que las personas van primero. «Cuando se planifica la movilidad es recomendable pensar en todos los usuarios, en el espacio que necesitan y en el riesgo que corren. Hay que minimizar el riesgo. Los usuarios tienen derecho a un espacio sin peligro, sin exceso de ruido y con un aire respirable. Todo ello implica que el coche, especialmente el privado, debe perder ese protagonismo que tiene y ha tenido a lo largo de tantos años en las urbes. Es un resultado que se debe asumir.» A ello vamos.

# 5

# La movilidad en las grandes ciudades

> «En general, los jóvenes prefieren cada vez más disponer de varias opciones para desplazarse por la ciudad que invertir en la compra de un coche.»
>
> SONJA HEIKKILÄ

Como hemos podido ir viendo, no son pocas las medidas que se están tratando de implementar para humanizar y transformar la actual realidad. La ciudad es un ente rígido que muta lentamente, de ahí que para llegar al ideal de la sostenibilidad tengamos que recorrer previamente un camino de múltiples implementaciones, a veces inapreciables en términos de sostenibilidad, pero que poco a poco irán configurando un entorno urbano más saludable y respetuoso con el medioambiente.

En Ciudad de México, por ejemplo, el 20% de los hogares más pobres debe dedicar aproximadamente un 25% de sus ingresos al transporte público. Los que viven en la periferia necesitan una hora y veinte minutos de promedio para llegar a sus trabajos, y eso solo de ida. En Estados Unidos, donde escasea la oferta de transportes públicos en ciudades y barrios, una accesibilidad limitada impide a muchos encontrar trabajo, acceder a los servicios médicos o ir al supermercado.

Con el término *smart city*, se define un concepto de ciudad inteligente que engloba aquellas prácticas urbanísticas destinadas a mejorar la calidad de vida de los ciudadanos a través de la eficiencia de sus recursos e infraestructuras gracias a la aplicación de soluciones TIC. Gracias al *big data*, una ciudad conectada a redes digitales permitirá un mejor procesamiento de la información, detectando los ámbitos de mejora para un mejor funcionamiento de la ciudad.

Desde teléfonos móviles, sensores y otros sistemas digitales en múltiples dispositivos repartidos por toda la ciudad (cámaras, contadores de tráfico de coches y de personas, medidores de polución, etc.), además de otros que se desarrollen para fines específicos, una *smart city* contará con un ejército digital de tecnología recogiendo datos y midiendo la evolución de las soluciones aplicadas. Un ejemplo lo encontramos en los medidores de polución repartidos por la ciudad. Con un sistema inteligente multiconectado, se podría reducir, desviar o bloquear el tráfico en tiempo real, mejorando así la calidad del aire al momento.

La ciudad es un organismo complejo y, por lo tanto, las áreas o ámbitos de actuación para mejorar la calidad de vida son múltiples y muy diversos. Desde la movilidad que comprende tanto el transporte de personas como el de vehículos y la red de comunicaciones hasta el ámbito arquitectónico, pasando por servicios al ciudadano por parte de la administración pública, el tejido empresarial y el tipo de empresas y calidad del trabajo, la participación ciudadana e incluso la tecnología actual implementada en la urbe en cuestión, todas ellas son áreas de mejora interrelacionadas sobre las que hay que actuar con el fin de construir una ciudad inteligente.

Joan Subirats añade un concepto que creo interesante para entender y diseñar estas *smart cities*: la configuración de espacios públicos polivalentes liberados del tráfico hostil y ganados para el ciudadano. En su indefinición e inagotables posibilidades puede estar su principal virtud. «¿Pueden coexistir distintas ciudades en una misma ciudad? Esa posibilidad es precisamente lo que ha hecho y sigue haciendo atractiva la ciudad, a pesar de sus estrecheces. La complejidad de la ciudad, la riqueza de sus interacciones le permiten ser siempre cambiante, nueva. Si la perspectiva de las llamadas *smart ci-*

*ties* es hacer las cosas más sencillas, más fáciles, quizás lo que acabemos encontrando es una menor capacidad de innovación y creatividad», señala.

En este punto, los nuevos hábitos que ya se apuntan superada la pandemia, con una movilidad mucho más local y el refuerzo del comercio de proximidad, respaldan su idea. «En este sentido, las ambigüedades en los usos de cada espacio, la poca claridad en la determinación de actividades o en el perfil específico de sus habitantes, más que ser considerado un problema, debería valorarse como algo que abre posibilidades, que alarga los espacios de maniobra en cualquier ciudad. Y no digamos la merma de vínculos que puede suponer la erosión de la función de intermediación que realizan los comercios de proximidad debido a la conexión directa, cada vez más frecuente, entre productores y consumidor final», concluye.

## Objetivo: eliminar los vehículos de combustión

Algunas transformaciones en las ciudades van encaminadas directamente a los coches y se están produciendo más rápido de lo esperado. Un ejemplo lo encontramos en las leyes aprobadas para poner coto a los vehículos diésel, considerados altamente contaminantes.

El Govern de les Illes Balears ha sido el primero en aprobar la Ley de Cambio Climático, que prohíbe la circulación de dichos vehículos a partir del año 2025. Asimismo, prohíbe la circulación de todo vehículo de combustión a partir del año 2035. Mucho más estricta es la ciudad de París, donde se ha prohibido la circulación de vehículos diésel que hayan sido matriculados antes del 31 de diciembre del año 2000, y en el resto del país se prevé que se prohíban todos los vehículos de combustión para el año 2040. En Europa encontramos otros ejemplos similares.

En este contexto, muchas grandes ciudades están buscando sus propias soluciones. La inmensa Nueva York está fomentando el uso de la bicicleta con nuevos carriles, mientras que Ámsterdam sigue siendo referencia en movilidad gracias a este medio de transporte.

Otras están poniendo límite al acceso al centro: Madrid acaba de modificar Madrid Central, en tanto que Londres impuso hace décadas una tasa para circular por una amplia zona del centro de la ciudad.

Pero quizás la mayor revolución esté por llegar: el 5G, y las múltiples posibilidades que permite a la conectividad entre todo tipo de dispositivos, abrirá la puerta a la comunicación entre vehículos e incluso, en unos años, al coche autónomo. Mientras, los nuevos dispositivos eléctricos están ganando terreno, desde bicicletas a patinetes, y continúa creciendo la flota de vehículos eléctricos de alquiler, perfectos para sortear las restricciones de acceso al centro de las grandes urbes, que previsiblemente se seguirán incrementando en los próximos años.

Reino Unido se ha marcado como objetivo que automóviles y furgonetas de reparto emitan cero emisiones para el año 2040 y que no haya ningún vehículo de combustible fósil para el año 2050.

Holanda se ha marcado como meta que todos los vehículos nuevos emitan cero emisiones para el año 2035.

En Dinamarca se estima que se prohibirán los vehículos de gasolina y diésel en el año 2030, y resto de vehículos híbridos en el año 2035.

En Barcelona se prevé que para el año 2025 no puedan circular vehículos diésel y, de momento, ha creado una zona de bajas emisiones que, con 95 $km^2$, es la más grande de España.

Ciudades como Copenhague están de moda por su apuesta por la reducción del vehículo privado en sus calles. La verdad es que las escalas de las ciudades, más si incluimos sus conurbaciones metropolitanas, no permiten hacer comparaciones. En cualquier caso, la apuesta por la peatonalización tiene efectos positivos de cara a la salud de los ciudadanos, pero también tiene efectos negativos que, a veces, no se valoran lo suficiente. Una calle peatonalizada es una calle gentrificada en la mayoría de los casos, o una calle peatonalizada es sinónimo de la desaparición del comercio tradicional. En Barcelona, por ejemplo, asistimos a un llamativo monocultivo de la restauración en los ejes peatonales.

Del mismo modo, otras ciudades de diferentes países están llevando a cabo iniciativas transformadoras del entorno para proteger el medioambiente. Toronto cuenta con un Plan de Acción de Cambio Climático que espera poder reducir nada más y nada menos que el 80% de los gases de efecto invernadero antes de 2050.

Aunque la contaminación atmosférica no es el único reto relacionado con la movilidad al que se enfrentan las principales urbes. El tráfico, la contaminación acústica y, sobre todo, la cantidad de espacio que ocupa y se destina al vehículo privado son otros de los temas a resolver. Es ahí donde entra la movilidad compartida, multimodal y conectada, y donde las plataformas y las empresas de *sharing* se convierten, no en la única, pero sin duda en buena parte de la respuesta.

Aprovechar todo su potencial supone, no obstante, afrontar un gran reto de adaptación y un deber fundamental: regular la situación en la que nos encontramos para garantizar la seguridad ciudadana.

Ahora bien, ¿quién lo hará? ¿El Estado? ¿Las regiones? ¿Las ciudades?

Con tantos actores implicados, parece que el punto de partida no puede ser otro que formar un equipo en el que estén representadas todas esas partes implicadas para diseñar, juntas, planes regulatorios y normativos estatales que puedan adaptarse luego a cada comunidad y/o ciudad. Ello exige de nuestros gobernantes la aplicación de soluciones de prueba y error, pruebas piloto, *sandboxes* e iniciativas similares; en definitiva, la creación de espacios de diálogo, de trabajo y de innovación.

## Beneficios y características de los VMP

Para alcanzar esta transformación, las soluciones más competitivas, por sus prestaciones y ventajas, son la bicicleta y el patinete eléctrico. Cada vez es más frecuente su uso para acudir al trabajo y a los centros de estudio. Posiblemente tras la actual pandemia se acelere este proceso de adopción del patinete eléctrico y de la bicicleta como medios de transporte sustitutivos del vehículo para cortas distancias y en entornos urbanos, y no por una razón, sino por múltiples.

Cada vez veremos más soluciones eléctricas de movilidad individual. El sector del vehículo eléctrico está en constante crecimiento. La tan esperada desaparición del transporte contaminante movido por combustibles fósiles se atisba por fin en el horizonte de la mano de vehículos movidos por fuentes de energía sostenible.

Debemos tener en cuenta el lento ritmo de introducción de toda innovación tecnológica en el mercado, un comportamiento al que el vehículo eléctrico también está sujeto. A medida que se mejoren las prestaciones de autonomía y tiempo de recarga, así como el precio de los vehículos eléctricos vaya reduciéndose y se creen al mismo tiempo estaciones de recarga suficientes, el público irá abrazando a mayor ritmo esta nueva tecnología.

El patinete eléctrico. Nadie lo esperaba y nadie lo vio venir. Jamás hubo hasta ahora una solución de movilidad individual eléctrica con un crecimiento tan acelerado como el del patinete eléctrico. Ni las bicicletas eléctricas. Ni los ciclomotores eléctricos.

El Segway, por ejemplo, se presentó como la solución de movilidad individual definitiva para la ciudad, pero al final quedó relegado a servicios de seguridad y vigilancia, y como vehículo destinado a actividades turísticas en la ciudad.

Su volumen y su peso lo convirtieron en un aparato demasiado robusto que resultaba poco práctico para moverse por la ciudad, subir al transporte público con él o ir a tomar algo a un bar o restaurante, pero era aún más incómodo para tenerlo en el hogar, sobre todo cuando uno vive en un tercer piso sin ascensor. El precio inicial también era muy alto y, como no llegó a consolidarse en el mercado, solo pudo reducir precios creando versiones más básicas con menos prestaciones que el modelo original.

La bicicleta eléctrica ha tenido mejor acogida. La sociedad está acostumbrada a tener bicicletas. El único problema es que no ha ampliado su penetración en aquel público que no usaba bicicleta: la compran quienes ya estaban convencidos de su uso y la cualidad de eléctrica les supone una mejora del producto. De hecho, pese a ser la mejor solución, la demanda de bicicletas ha caído un 49 % en 2019 respecto a 2018, y la de las bicicletas plegables han caído también un 8%. Es cierto que habría que descontar de esta cifra a aquellos ciudadanos que han dejado de utilizar la bici privada para apuntarse a los servicios públicos de bicicletas, que permiten tomarla en un punto de la ciudad y dejarla lo más cerca posible de nuestro destino (por ejemplo, el servicio de Bicing en Barcelona, o BiciMAD en Madrid).

Como contrapunto, el crecimiento que ha experimentado el patinete eléctrico es de un 59% durante 2019 respecto a 2018. El patinete eléctrico ha conseguido triunfar allí donde han fallado sus predecesores.

Una de las claves —y a la vez uno de los errores— que han marcado hasta ahora la implementación del patinete eléctrico de uso compartido es su estacionamiento. No son pocas las ciudades que han visto cómo sus calles se llenaban de patinetes tirados por todos los lados, ensuciando, con esto, la imagen del patinete en sí y enfadando, con razón, a los viandantes, que lo han visto como un vehículo invasivo e irrespetuoso. Y tienen razón. Los operadores de movilidad compartida, entre los que me incluyo, debemos ser parte de la solución y no del problema. ¿Qué quiere decir esto? Ayudar, desde nuestro propio papel como operadores, a mantener la ciudad ordenada obligando a los ciudadanos a aparcar correctamente en las zonas habilitadas para ello. En concreto, y en el caso del *sharing*, esto implica «educar» de alguna forma al ciudadano para que conviva con el peatón, utilizando candados para anclarse a los *racks* de bicis o U invertidas, o mediante otros mecanismos como la geolocalización, buscando acuerdos con locales comerciales para que los usuarios puedan iniciar o acabar un viaje allí y así reducir la presión en el espacio público... Todo con la intención de sumar.

El éxito del patinete, más allá de ser un éxito comercial, es un éxito para nuestro medioambiente. A medida que aumente su uso para moverse por la ciudad y cada vez sean más las personas que dejen sus vehículos aparcados en casa, percibiremos a nivel local cómo el aire de nuestras ciudades será cada vez más limpio y a escala global estaremos contribuyendo a reducir la huella de carbono derivada del transporte en las ciudades.

Hemos hablado de cómo Londres resolvió la cuestión del intenso tráfico y la dificultad para estacionar en el centro, dos de los principales problemas a los que siempre se referían los ciudadanos de la capital británica. Especialmente complicado es aparcar en zonas turísticas. Es la razón por la que el Westminster City Council puso en marcha el proyecto Smart Parking, un sistema de estacionamiento destinado a evitar la congestión del tráfico y a mejorar la calidad del aire de Londres. La solución fue tan imaginativa como efectiva: instalar una serie de sensores en el suelo, de modo que los usuarios puedan, a través de una *app*, conocer en tiempo real qué sitios de aparcamiento hay en la zona, además de saber si son gratuitos, de pago, residenciales o comerciales.

Los datos captados por los sensores son además integrados en la red de transporte de Londres, permitiendo obtener información sobre los hábitos de los conductores. Actualmente, gracias a estos sensores, el Westminster City Council puede recopilar información de más de 40.000 plazas de aparcamiento.

En Singapur, los edificios con certificado ecológico suponen más de un 20% de toda la urbe. Se combinan varios factores que hacen de la regulación de la movilidad un proyecto ineludible: se trata de una isla de reducido tamaño y con una densidad de población muy elevada (la tercera en el mundo tras Macao y Mónaco).

Las autoridades del país llevan varios años restringiendo el tráfico en carretera, un modo de luchar contra los atascos y la polución. De hecho, se grava especialmente la adquisición de un coche: todo aquel que adquiera uno paga más en tasas que por el propio valor del vehículo. Además, deben tener el COE (o permiso de aparcamiento), que les da derecho a circular únicamente durante 10 años.

Singapur cuenta además con un sistema denominado Electronic Road Pricing, consistente en diferentes peajes urbanos *wireless* ubicados en las vías más transitadas, de modo que los conductores deben pagar siempre que pasen por ellos. De esta forma, la administración busca desincentivar el uso del automóvil.

Para asegurar la utilidad del sistema, todos los coches deben llevar un dispositivo emisor colocado en la esquina inferior derecha del parabrisas. Este contiene una tarjeta de débito *(cash card)* en la que se cargan las tasas cada vez que se pasa por los peajes de control, que a su vez están equipados con múltiples sensores y cámaras.

Singapur es la ciudad más sostenible de Asia y la segunda del mundo. Un hito al que se ha llegado tras años de esfuerzos en todos los ámbitos. En el de la movilidad, la Autoridad del Transporte Terrestre diseñó, en 2013, un plan maestro con medidas como la construcción de nuevas líneas de metro, BRT (*bus rapid transit* o autobús de tránsito rápido) y autobús, el establecimiento de una red de ciclovías protegidas, la implantación de zonas libres de automóviles, la creación de centros de intercambio modal o de estaciones de transporte público a no más de 10 minutos caminando entre sí y la instauración de vías peatonales seguras, a la vez que se elevaron los impuestos a la compra de vehículos particulares. Una serie de medidas de movilidad sostenible y seguridad vial que ofrecen a su población calidad en sus desplazamientos urbanos y que constituyen un ejemplo a seguir.

Zúrich, la ciudad más poblada de Suiza y en la que me encuentro mientras escribo, es un ejemplo de urbe que apuesta por la ecología urbana y que ha logrado disponer de un sistema de transporte eficiente, integrado y multimodal, que permite a sus ciudadanos ir hasta casi cualquier lugar de la ciudad sin necesidad de usar un automóvil. De este modo, únicamente una cuarta parte de los desplazamientos se hacen en coche privado. Entre las medidas adoptadas, se ha prohibido la construcción de nuevos estacionamientos a menos que sean para sustituir a uno ya existente, se ha instalado un sistema anticongestión, con más de 4.500 sensores, que interrumpe el acceso de vehículos a la ciudad cuando se ha superado el número de automóviles establecido, se ha extendido la red de tranvías y se han implementado programas de promoción de la bicicleta. Uno de los eslóganes más utilizados es: «Usted es bienvenido a la ciudad, pero su automóvil no».

Dar es-Salam, la ciudad más poblada de Tanzania, ha revolucionado el sistema de transporte de sus ciudadanos, sustituyendo progresivamente los aproximadamente 7.500 *dala dalas*, unos microbuses de pasajeros operados por propietarios individuales y sujetos a regulaciones poco estrictas, por el BRT, un transporte rápido por autobús que utilizan más de 200.000 personas al día. Con motores nuevos y bajos en emisiones de carbono, han permitido disminuir de manera notoria tanto la congestión del tráfico, con el consiguiente ahorro en tiempo y costes, como los altos niveles de contaminación del aire.

Uno de los distritos del sur del Bronx, en Nueva York, ha sido tradicionalmente uno de los más contaminados de la ciudad, especialmente por las emisiones producidas por vehículos pesados. Allí se implantó, hace unos años, el South Bronx Clean Truck Program, que impulsa la compra de vehículos bajos en carbono, moderniza los que ya están en uso y sustituye los antiguos con el fin de reducir los contaminantes locales del aire hasta en un 75 % por camión.

El éxito de este programa ha llevado al Departamento de Transporte de la Ciudad de Nueva York (NYCDOT) a expandirlo a toda la ciudad. Así, el NYC Clean Trucks Program ofrece fondos de reembolso para reducir las emisiones reemplazando los camiones diésel más viejos y sucios por nuevos vehículos totalmente eléctricos.

Por otro lado, en Helsinki ahora es posible que un ciudadano tome en cada momento el medio de transporte que más le convenga. Todo, desde una sola *app* capaz de localizar y procesar la compra de billetes para el transporte público o el pago en un taxi o en un servicio de bicicletas, también público.

La aplicación Whim ha logrado unificar todas las opciones de movilidad de la ciudad finesa: taxi, bicicleta, autobús, tren, coche de alquiler... El usuario puede elegir además entre una suscripción mensual (de 60 euros con billetes ilimitados de transporte público o de 499 euros con uso ilimitado de cualquier medio de transporte) o pagar únicamente por los viajes que ha realizado.

El objetivo del Ayuntamiento finés es que el centro urbano esté libre de coches en 2025, de ahí que haya desarrollado esta *app* en colaboración con la empresa MaaS Global, ofreciendo con ella a los ciudadanos una alternativa más cómoda, barata y flexible que el coche propio.

De vuelta en España, y aprovechando la gran acogida del servicio y el incremento de usuarios experimentado, el Ayuntamiento de Sevilla ha instalado unos ecocontadores en las vías ciclistas de la ciudad para estudiar el flujo de circulación, la frecuencia en el tiempo y mejorar la gestión de la movilidad de los ciclistas. Todo ello, una vez más, a través de sensores de alta tecnología que transfieren automáticamente los datos recogidos.

La multimodalidad, es decir, el uso de distintos tipos de transporte, a veces en el mismo viaje para llegar al destino, es una de las claves para la movilidad. «Un viaje tipo sería un usuario que va con su coche privado o en transporte público hasta una parada de metro dentro de la almendra central de la ciudad», explica Orazio Corva, directivo de Acciona Mobility. En este trayecto dentro de la almendra, que se denomina de última milla, es donde florecen buena parte de las aplicaciones.

## La *superilla* de Barcelona: cuando eliminar los vehículos es posible

El 5 de septiembre de 2016 entró en funcionamiento la supermanzana (*superilla* en catalán) del Poblenou, un proyecto que supuso un antes y un después en la manera de organizar urbanísticamente la ciudad. Una supermanzana, básicamente, es una unidad urbana intermedia entre una manzana y un barrio, con la singularidad de ser un espacio pacificado. Para imaginarla, basta con cortar las cuatro calles que rodean una manzana y, en ellas, implementar iniciativas públicas, sociales, talleres..., para todas las edades.

La voluntad de implantar este modelo no es nueva. Hay que remontarse a inicios de los 2000 cuando Salvador Rueda, director de la Agencia de Ecología Urbana de Barcelona y uno de los ideólogos de las supermanzanas, hablaba ya de la necesidad de expandir el modelo de la supermanzana a toda la ciudad para garantizar la calidad de vida de los vecinos.

De hecho, la del Poblenou no es la primera supermanzana de Barcelona. En los años 90 se culminó la transformación de una parte del barrio de la Ribera, que afectaba la calle de la Princesa, la vía Laietana, la avenida del Marqués de la Argentera y el paseo de Picasso. En esta zona se restringió el acceso de los vehículos privados para priorizar el espacio público peatonal, reducir el ruido, mejorar la calidad del aire e incrementar la afluencia de clientes a los comercios de la zona. Salvador Rueda bautizó el nuevo espacio como «supermanzana de la Ribera» y, desde entonces, este modelo urbanístico no ha hecho más que crecer en Barcelona.

El modelo de las «supermanzanas» se desarrolló con el objetivo de recuperar espacio público para la ciudadanía y poner solución a los altos niveles de contaminación del aire y la falta de espacios verdes en Barcelona. El concepto fue creado por la citada Agencia de Ecología Urbana de Barcelona y la propuesta inicial era crear 503 «supermanzanas» repartidas equitativamente por toda la ciudad. Si el proyecto de las «supermanzanas» se aplicara íntegramente, la ciudad de Barcelona podría evitar cada año 667 muertes prematuras, la mayoría gracias a la disminución de los niveles de contaminación atmosférica ($NO_2$), seguida de la reducción del ruido del tráfico y de la mitigación de los efectos de la isla de calor. Son algunas de las conclusiones de un estudio del Instituto de Salud Global de Barcelona (ISGlobal) que se publicó en *Environment International*.

Dicho estudio es el primero que realiza una estimación de los impactos sobre la salud de este proyecto de intervención urbana y de transporte. Siguiendo la metodología propia de un estudio de impacto en salud, el equipo científico realizó un cálculo estadístico para cuantificar los cambios que la creación de las 503 «supermanzanas» produciría en los niveles de contaminación atmosférica ($NO_2$), el ruido procedente del tráfico, la actividad física, la superficie de espacios verdes y las temperaturas de la ciudad. Posteriormente, combinaron las evidencias científicas disponibles sobre la relación entre cada uno de estos cinco factores y la mortalidad con los datos actuales de exposición a cada uno de ellos y de muertes por causas naturales en Barcelona.

Las estimaciones resultantes indican que el proyecto original de las «supermanzanas» podría prevenir —como ya se ha adelantado— 667 muertes prematuras al año, aumentar la esperanza de vida en casi 200 días de media por persona y permitir un ahorro económico anual de 1.700 millones de euros. Los beneficios más notables para la salud provendrían de la reducción de los niveles de contaminación del aire —291 muertes prematuras evitables anuales—, seguida de la disminución del ruido del tráfico y la mitigación de los efectos de la isla de calor —163 y 117 muertes prematuras prevenidas, respectivamente.

Un impacto que se ve también reflejado en el ruido. «Si hay coches, el ruido ambiente supera los límites. Por el motor, por el rozamiento de los neumáticos...», explicaba Rueda en una entrevista en 2016. «Para que el ruido sea admisible es necesario buscar una solución que permita mantener organizada la ciudad y disponer los coches en vías que nos dejen liberar el 70 % del espacio urbano. Esto lo conseguiremos con un 11 % menos de coches», concluía.

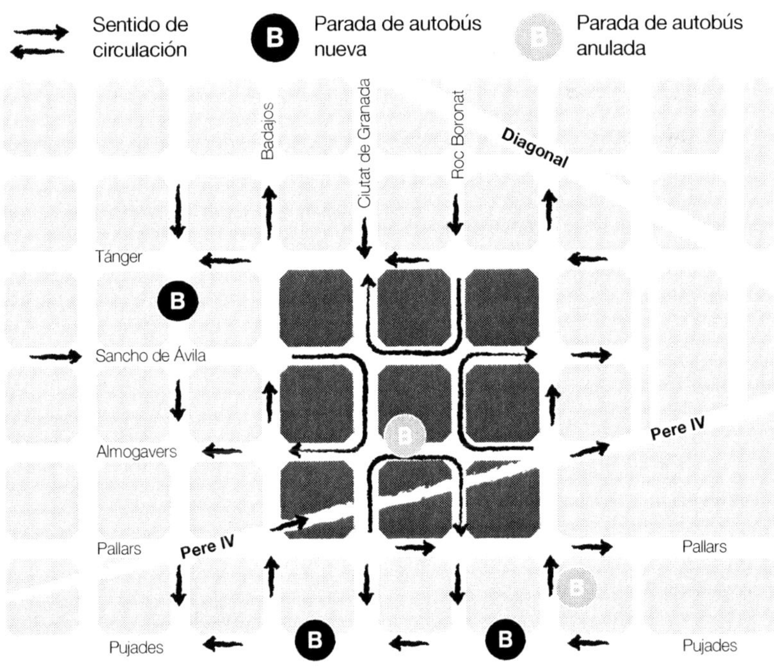


**Figura 8.** Mapa de la implementación de la *superilla* en el Poblenou de Barcelona

## Viena: la primera experiencia en Europa

El Plan de Movilidad Urbana de Viena fue la primera evaluación estructurada de la movilidad basada en un enfoque de Plan de Movilidad Urbana Sostenible (PMUS) que se llevó a cabo en Europa, siguiendo los requisitos marcados por la Comisión Europea en 2013, orientados a garantizar la movilidad sostenible. Bajo el lema *Planning for People* («Planificar para las Personas»), la Comisión trataba de cambiar la planificación urbana centrada en el automóvil y el tráfico hacia un mayor equilibrio entre todos los modos de transporte con el objetivo de mejorar la calidad de vida.

Entre 1995 y 2013, el consumo de energía en Viena aumentó un 50 % debido especialmente al tráfico de automóviles, con el perjuicio que suponía para el medioambiente el hecho de que el 95 % del combustible utilizado por el tráfico fuera de origen mineral, incrementando los efectos del cambio climático en la capital austriaca.

Para reducir drásticamente estas alarmantes cifras y bajo el lema «Juntos en Movimiento», la ciudad de Viena se comprometió, en el plan aprobado en 2014, a dar prioridad al transporte público, a los peatones y a la bicicleta como los modos de movilidad más respetuosos con el medioambiente. Viena encarna una política de movilidad urbana orientada al futuro que no solo es ecológica, sino también económica y socialmente aceptada y, por lo tanto, sostenible.

Es económicamente sostenible porque se basa en una inversión a largo plazo que merece la pena, tanto para la propia ciudad como para su región. Es socialmente sostenible porque su objetivo expreso es garantizar la movilidad de toda la ciudadanía, independientemente de cuáles sean sus ingresos, posición social y situación vital. Es ecológicamente sostenible porque ayuda a conservar los recursos naturales y contribuye a la realización del objetivo de Viena *smart city*.

Para el año 2025, el objetivo es «80:20», es decir, que la ciudadanía vienesa utilice el transporte público, la bicicleta o la marcha a pie para cubrir el 80 % de los viajes que necesiten hacer, mientras que la cuota del transporte en coche debería disminuir del 28 %

actual al 20%. Siempre que sean necesarios viales adicionales de gran capacidad en los nuevos barrios de la ciudad, estos se planificarán de forma compatible con esta, ofreciendo suficiente espacio para los peatones y los ciclistas, así como para el transporte público, y con un diseño atractivo que invite a la gente a quedarse.

## Helsinki y la adopción del Mobility as a Service (MaaS)

La capital finlandesa ha decidido replantear su política de transporte basándose principalmente en la tecnología digital. La principal innovación de su reciente Plan de Movilidad consiste en la introducción a gran escala del concepto de Mobility as a Service (MaaS), un sistema de suscripción que ofrece a los ciudadanos un acceso al conjunto de los medios de transporte.

La idea que dio origen a este sistema es la de integrar en una misma aplicación todos los medios de transporte, públicos y privados, para que los ciudadanos puedan planificar su itinerario multimodal ideal. El objetivo final: reducir el número de coches en circulación, ofreciendo al conductor de coche privado toda clase de alternativas que le resulten más atractivas y cómodas para sus desplazamientos, como taxis, transporte público, uso compartido de motos y coches, alquiler de coches, bicis, etc.

Hasta la aprobación del nuevo Plan de Movilidad, la ciudad favorecía los trayectos en coche, desarrollando la red viaria para compensar la escasa capacidad de las infraestructuras de transporte público. Con ello, los desplazamientos de los casi 700.000 habitantes de la capital, que ascienden a más de millón y medio si se incluyen los de la zona metropolitana llamada Gran Helsinki, congestionaban el tráfico y contaminaron el aire hasta niveles que no cumplían con la normativa europea.

Los nuevos objetivos de los cambios en la movilidad son reducir en un 30% las emisiones de gases de efecto invernadero en 2030 y alcanzar la huella de carbono cero en 2050. Todo ello teniendo en cuenta que se estima un incremento aproximado del 40% de la población en esa última fecha.

Para diseñar la transformación de su modelo de movilidad, la capital ha recurrido a una ingeniera de transportes, Sonja Heikkilä, que ha elaborado un plan basado en la noción de servicio que integra los distintos medios de transporte existentes con el fin de ofrecer al ciudadano una alternativa simple y eficiente al uso del vehículo privado.

El primer paso adoptado dentro del concepto MaaS para reducir el número de coches en circulación es la aplicación Whim, desarrollada por la *startup* MaaS Global, con la que el usuario puede crear su propio trayecto multimodal. Indicando el recorrido que se desea realizar, la aplicación le indica el mejor método para realizarlo utilizando el transporte intermodal, como usar primero la bici, a continuación un autobús y finalizar el trayecto en taxi, por ejemplo. Los diferentes viajes pueden pagarse por separado o contratando una suscripción mensual que los cubre.

Con una suscripción mensual de 60 euros, la oferta básica incluye el uso ilimitado del servicio de bicicletas y del transporte público y 10 euros de taxi. En el otro extremo de la horquilla, el uso ilimitado de todos los tipos de transporte mediante Whim tiene un coste mensual de 499 euros. Uno de los fundadores de MaaS Global, Sampo Hietanen, opina al respecto: «Si calculas el precio que te cuesta el coche cada mes, te das cuenta rápidamente de que este servicio es más económico».

Precio aparte, la clave para que el uso de Whim se generalice y, con él, disminuya el tráfico de vehículos privados y los efectos no deseables que conlleva, radica en que la aplicación garantice la rápida disponibilidad de los vehículos propuestos en cada trayecto.

Para Sonja Heikkilä, el cambio generacional y el consiguiente cambio de mentalidad que conlleva juegan a favor del MaaS: «En general, los jóvenes prefieren cada vez más disponer de varias opciones para desplazarse por la ciudad que invertir en la compra de un coche».

# 6

## Un futuro con retos a la vista

«Lo único que todas las grandes ciudades tienen en común es que todas son diferentes.»

CATE BLANCHETT

Los 17 Objetivos para el Desarrollo Sostenible de Naciones Unidas, que hemos revisado en capítulos anteriores, son un gran reto para el año 2030, pero no constituyen todos los objetivos que hay que alcanzar para conseguir vivir en equilibrio en nuestro planeta. Siempre son buenas noticias saber que la producción de energías renovables habrá crecido un 32% para 2030, pero las áreas que abarca la consecución de un nuevo mundo sostenible son numerosas y requieren de un enorme esfuerzo por parte de un ente complejo que aún no tiene conciencia de sí mismo como ser vivo: la sociedad planetaria.

Según las previsiones de Naciones Unidas, se espera un aumento de 2.000 millones de personas en nuestro planeta para el año 2050. Si tenemos en cuenta que actualmente somos 7.700 millones de habitantes y que según el Fondo Mundial para la Naturaleza (WWF, por sus siglas en inglés) consumimos al año 1,75 veces los recursos que la Tierra tiene la capacidad de regenerar, nos encontramos con un déficit de recursos que acabará colapsando el medioambiente y nuestro sistema económico y social actual.

También se estima que para el año 2030 consumiremos los recursos equivalentes a dos planetas como la Tierra. Pero este consumo es desigual según la actividad productiva y comercial de cada región. Por ejemplo, Estados Unidos consume actualmente los recursos equivalentes a cinco Tierras y Europa los de 2,8 veces nuestro planeta, pero en otros países menos desarrollados como la Guayana Francesa el porcentaje de biocapacidad excede la huella ecológica de sus habitantes en casi un 4.000 % según Global Footprint Network, es decir, se regeneran más recursos de los que consumen, lo que implica que tienen un excedente positivo de recursos naturales. Esta es una prueba más de las desigualdades que produce un sistema económico no sostenible.

Ante esta situación, Serge Latouche, el citado defensor de la teoría del decrecimiento, afirma que la transformación del sistema actual de consumo desaforado en otro sostenible no es una opción libre sino que acabará siendo impuesta por los «límites del crecimiento», refiriéndose al estudio realizado por el MIT en 1972 donde se concluye que «en un planeta limitado, las dinámicas de crecimiento exponencial (población y producto per cápita) no son sostenibles».

Latouche critica también el uso que se está haciendo del concepto de desarrollo sostenible, porque lo considera un oxímoron y al mismo tiempo un pleonasmo; oxímoron cuando se confía en un desarrollo infinito porque los recursos del planeta son limitados, y pleonasmo porque desarrollo y sostenibilidad han de ir siempre unidos y significar la misma cosa.

La propuesta de Latouche consiste en que la sociedad ha de realizar un cambio en sus hábitos de consumo antes de que los recursos se agoten porque, de lo contrario, caeremos en una profunda crisis a escala global. La tecnología puede ser una gran aliada para reducir el consumo actual de los recursos por medio del desarrollo de nuevos métodos y materiales sostenibles. Pero el actor indispensable para esta transformación es el conjunto de todos los que componemos la sociedad. Sin una transformación en nuestros hábitos de consumo, agotaremos los recursos de la Tierra.

## Las lecciones de la pandemia

Se estima que la denominada gripe española, que asoló Europa entre 1918 y 1920 y desde aquí se extendió a otros continentes pese a que la movilidad no era comparable a la actual, pudo haber contagiado a más del 30% de la población mundial, que en aquella época era de 1.800 millones de personas aproximadamente, y pudo causar entre 20 y 50 millones de víctimas mortales, según la Organización Mundial de la Salud.

En un mundo ya globalizado, el virus se extendió por vía marítima, más lentamente que la Covid-19 en la actualidad. Según algunos investigadores, es posible que la gripe se iniciara en Francia en 1916 y que los combatientes de la Primera Guerra Mundial la propagaran al regresar a sus hogares.

La gripe afectó principalmente a hombres de entre 20 a 40 años, lo que provocó la escasez de mano de obra masculina en las fábricas y, consecuentemente, propició la incorporación de la mujer al entorno de la producción en las factorías. Algo que hoy en día es natural, pero que en aquel tiempo supuso una nueva normalidad.

Otros cambios, aún más relevantes, se implementaron para redefinir otro aspecto, cotidiano en la actualidad pero que iba a revolucionar el sistema sanitario y las medidas de control de la época para protegernos de futuras epidemias.

Las principales mejoras se orientaron al establecimiento de servicios de atención sanitaria más eficaces, así como a la creación de la sanidad pública, donde Rusia fue pionera, y a la fundación de la Organización Mundial de la Salud para el control de las epidemias y la mejora de la colaboración internacional. También se crearon los Ministerios de Sanidad en la mayoría de los países afectados y se aplicó con éxito el concepto de distanciamiento social durante la pandemia. Las ciudades con un confinamiento más estricto sufrieron un número menor de víctimas con respecto a las ciudades que no aplicaron el confinamiento de la población. Todo esto nos resulta ahora familiar, normal, pero en 1920 supuso la redefinición de muchos aspectos de la vida cotidiana, supuso una nueva normalidad.

En el tiempo de la gripe española las soluciones de movilidad eran muy limitadas, por lo que no estaban en disposición de mejorar los medios de transporte notoriamente. Sin embargo, en la actualidad contamos con un sinfín de soluciones de transporte a nuestro alcance: aviones, trenes, autobuses, barcos, automóviles, motocicletas y diversos vehículos de transporte personal como bicicletas, patinetes...

Estos últimos han sido considerados por las autoridades sanitarias de diversos países europeos como los vehículos de movilidad personal que suponen la mejor solución para la nueva movilidad, ya que son la solución de transporte que implica un menor riesgo de contagio y por ello están recibiendo el apoyo múltiples ciudades. Berlín y Barcelona, por ejemplo, fueron las primeras en decidir ampliar los carriles bici aún durante la pandemia. Otro ejemplo es el anuncio que ha hecho el gobierno italiano de subvencionar con hasta 200 euros la compra de patinetes eléctricos.

Estas acciones no son una tendencia pasajera, sino la aceleración de una tendencia ya existente: las soluciones de movilidad sostenible. Antes de que la pandemia se manifestara, numerosas ciudades habían anunciado sus planes de expansión de su red de carril bici. París presentó un plan para ampliar en 1.000 kilómetros su red. Nueva York presentó otro que la ampliaba en 400. Londres se marcó el objetivo de crear 450 kilómetros de autopistas de carril bici y Barcelona, con 209, se propuso superar los 300, para los cuales ya ha proyectado los próximos 45.

Valencia dispone de 156 kilómetros de carriles bici, de los cuales 33 se crearon en la pasada legislatura, según explica Giuseppe Grezzi, el concejal de Movilidad que he mencionado anteriormente. Desde que en 2017 inauguraron el Anillo Ciclista —de unos 5 kilómetros—, han circulado por él más de 3 millones de usuarios.

Los datos corroboran las acciones tomadas. *El Primer Informe del Uso de la Bicicleta en Valencia*, presentado en febrero de 2020, demuestra el crecimiento continuado del uso de la bici desde que se abrió el Anillo Ciclista, la reducción de vehículos motorizados en los desplazamientos internos urbanos (un 4 % menos de movilidad motorizada) y un aumento del uso de los carriles bici y del autobús (que ha visto incrementado en más de un 10 % el número de usuarios en 4 años). A tenor de los resultados de dicho informe, el perfil de las personas usuarias de las infraestructuras ciclistas en la ciudad refleja el incremento de mujeres y de mayores de 55 años, lo que demuestra que el paradigma de la movilidad urbana en la actualidad camina hacia parámetros de igualdad y de sostenibilidad. Otro de los elementos a destacar del estudio es el uso mayoritario de bicicletas (75 %) en los carriles específicos, frente a otros sistemas de movilidad como el patinete eléctrico, que es del 25 %.

Para Grezzi, el incremento de vehículos sostenibles en las calles es «una estampa nueva que ha de venir para quedarse y que representa que las nuevas generaciones, como ya han acreditado las encuestas y estudios realizados en los últimos meses, eligen y reconocen la calidad de vida y las ventajas económicas que les supone moverse en bici por la ciudad sobre el hecho de hacerlo en otros vehículos más caros, menos prácticos y más contaminantes».

Todo parece indicar que la pandemia acelerará la transformación del actual espacio urbano en uno más sostenible, y la nueva normalidad por fin será lo más normal y saludable. Rosa Alarcón, presidenta del Consejo de Administración de Transports Metropolitans de Barcelona (TMB) y concejal de Movilidad del Ayuntamiento de esta ciudad, reflexionaba al respecto aún durante el confinamiento: «A medida que la actividad se vaya retomando tras la crisis de la Covid-19, será necesario redimensionar infraestructuras que favorezcan desplazamientos seguros a pie, en bicicleta y en otros vehículos de movilidad personal, revirtiendo carriles de tráfico en carriles bici o de peatones, entre otras medidas posibles. No nos podemos permitir el lujo de tender a un patrón de movilidad ya obsoleto, centrado en el vehículo privado propulsado con combustibles contaminantes». Es una reflexión que suscribo al 100 %.

## Trabajo, tecnología, hábitat

Tres serán los campos que experimentarán las transformaciones más disruptivas con nuestro estilo actual de vida: trabajo, tecnología y hábitat.

¿Estudias o trabajas? Cada día se producen millones de desplazamientos de personas que acuden a sus puestos de trabajo o a sus centros de estudio. Salvo aquellos casos en los que es necesario realizar una tarea física, el resto se podrían evitar gracias a las numerosas aplicaciones de trabajo en remoto y videochat, pero seguimos aferrados a viejas costumbres. Es necesario un cambio en los valores sociales para romper con este estilo de vida, y parece que el momento ha llegado.

Recientemente hemos sido testigos de uno de esos momentos de catarsis que de vez en cuando experimenta la sociedad para dar el siguiente paso evolutivo. Esta catarsis se ha producido con la reciente crisis causada por la pandemia del coronavirus causante de la enfermedad Covid-19, que nos ha mostrado que el ser humano aún tiene tiempo y capacidad para revertir los efectos sobre el clima.

Un ejemplo lo hemos tenido en las imágenes retransmitidas por los medios de comunicación, donde se mostraban ciudades de más de 10 millones de habitantes sin tráfico. Pero las imágenes que han revelado lo mejor y lo peor de la especie humana son las que nos llegaban vía satélite y nos mostraban una ciudad china bajo una nube de polución que tras el cierre de las factorías presentaba un cielo totalmente despejado. La contaminación en las principales urbes de China se redujo en un 25% tras la paralización de sus ciudades y centros de trabajo.

Como una ola recorriendo el mundo, el resto de países optaron por las mismas medidas y, de repente, trabajar y estudiar desde casa se convirtió en un signo de sensatez. Las ventajas son enormes: se reduce el consumo de combustibles y de emisiones de gases de efecto invernadero a la atmósfera al evitar miles de millones de desplazamientos de vehículos al día. También se reducen emisiones de gases por el paro de las empresas. El consumo energético se reduce, empleando así menos energía proveniente de las centrales nucleares.

Posiblemente, muchas empresas y escuelas estén tomando nota para mejorar la eficiencia de sus procesos productivos. Trabajar y estudiar desde casa permitirá a las empresas aprovechar de forma más eficiente sus espacios arquitectónicos. Los edificios mejorarán la eficiencia de consumo energético y las ciudades verán mejorada, no solo la calidad del aire, sino también la calidad del espacio vital por la reducción del tránsito de vehículos y personas.

Dejando de lado los graves efectos que ha tenido para la economía global y para la de los millones de trabajadores que vieron alteradas sus rutinas y sus salarios, esta crisis quizá sea el primer paso que dé nuestra sociedad hacia un estilo de vida en comunión con nuestro ecosistema.

## La primera y la última milla

Hay un concepto que nos puede sonar lejano por la unidad de medida que contiene en su nombre, pero que es vigente aquí y en todo el mundo. Me refiero a la última milla. La expresión *última milla* se utilizó por primera vez en el contexto de las telecomunicaciones, cuando se hacía referencia al tramo final de las redes que prestaban servicios a los clientes; por ejemplo, las líneas de cobre que conectan los teléfonos fijos a la central telefónica local. Sí, su origen se remonta a cuando la gente todavía usaba teléfonos fijos. El salto al sector del transporte ocurrió al relacionarlo con el movimiento de mercancías desde una estación de carga o puerto de alta capacidad hasta su destino final (tiendas minoristas, restaurantes, otros negocios, etc.).

Hoy en día, el viaje de última milla como término ha ganado popularidad fuera del comercio más técnico y del sector logístico para entrar a los viajes urbanos. Pero mantiene la esencia: es simplemente la última etapa de los desplazamientos de las personas dentro de una ciudad, ya sea después de estacionar su automóvil, bajarse de un autobús o metro o simplemente hacer un viaje rápido a la tienda de la esquina, una cafetería para tomar un café, etc. Si vives en una ciudad, lo más probable es que diariamente recorras la última milla, o, en su defecto, en una ampliación del alcance del concepto, también la primera milla.

Podría parecer que, más allá de la palabra, hablar de última o primera milla es meramente anecdótico, algo de cara a la galería. Pero no. Una buena implementación mejora realmente las ciudades. Según un informe publicado por McKinsey, el uso del transporte público disminuye hasta en un 90% cuando los pasajeros necesitan caminar más de medio kilómetro hasta la parada de tránsito más cercana. Así, las ciudades se enfrentan a dos opciones: expandir las rutas de transporte, lo cual es costoso y no siempre factible, o tolerar la poca accesibilidad en áreas menos pobladas.

Esencialmente, el problema de la primera y la última milla es que el transporte público no nos lleva exactamente a donde queremos ir y caminar no siempre es la opción más rápida. En tales casos, nos damos cuenta de que la mayoría de las ciudades están construidas para vehículos, no para personas. La solución obvia sería que los habitantes simplemente conduzcan hacia y desde las estaciones, pero tener un automóvil no siempre es fácil ni práctico. El Foro Económico Mundial detalla que la congestión del tráfico le costó a la economía de los Estados Unidos casi 87.000 millones de dólares en 2018, sin mencionar su contribución del 60% a las emisiones de dióxido de carbono.

Si bien los servicios de viajes compartidos como Lyft y Uber pueden parecer una solución rápida y asequible para el problema de la primera y la última milla, la realidad es que representan hasta el 14% del tráfico en algunas ciudades, lo que aumenta la congestión urbana en lugar de aliviarla. Así, el futuro pasa por apostar fuerte por la primera y la última milla. Y hay formas.

Se pueden emprender acciones para desarrollar una cultura de la primera y la última milla: a través de la micromovilidad, con bicicletas, patinetes, motos eléctricas —es decir, cualquier vehículo eléctrico—, combinándolos con mejor infraestructura, instalaciones para compartir vehículos, ciudades inteligentes, mejor planificación urbana, la implementación de MaaS para facilitar la adopción de las distintas opciones existentes... Hay muchas alternativas para abordar el problema del viaje de la primera o la última milla y dejar atrás coches, taxis y otros vehículos insostenibles. Se debe pasar del «problema de la última milla» a las «posibilidades de viajar en la última milla».

Pero empresas y administraciones públicas también deben apostar por la última milla, y lo pueden hacer empezando por aplicar las acciones que propone la Agencia Europea del Medioambiente en su informe *Transporte y Medioambiente 2019*. Son las siguientes:

- Informar de los beneficios de la primera y la última milla. Esto ayuda a los usuarios a darse cuenta del coste social de su comportamiento en lo que a movilidad se refiere. Así, pueden hacer una elección más equilibrada entre las distintas alternativas. Por ejemplo, se pueden dar estimaciones de los costes externos de las emisiones, accidentes, congestión, ruido y fragmentación del hábitat, o el impacto en la calidad de vida.
- Proporcionar alternativas suficientes y cómodas. Cuando enfrentamos cara a cara al vehículo privado y al transporte público, juega un papel importante el tiempo. Es en esta variable en la que las opciones de primera y última milla deben ser clave, haciendo que toda la cadena de transporte sea lo más fluida, rápida y cómoda posible. Esto significa evitar, en la medida de lo posible, retrasos, tiempos de espera y transferencias, o, si no se pueden evitar, hacerlos lo más cómodos posible y proporcionar información de viaje precisa, integrada y en tiempo real con una plataforma MaaS que integre todas las soluciones.
- Alinear la tecnología con los objetivos de movilidad sostenible. Gracias a la tecnología, hay muchas nuevas soluciones de movilidad disponibles. La tecnología permite varios tipos de sistemas de uso compartido, la creación de aplicaciones y plataformas que pueden integrar mejor los diferentes servicios de movilidad en un único lugar o proporcionar servicios de transporte. Esto crea vías a explorar en lo que a la primera y la última milla se refiere.

## Hacia la *smart city*

El concepto de *smart city* lleva, y creo no decir una barbaridad, más de 10 o 15 años volando por los despachos de las administraciones y las oficinas de muchas empresas. De hecho, allá por 2007, cuando yo tenía 14 años y visitaba la Campus Party (el principal evento tecnológico de España por aquel entonces), en los contenidos ya se hablaba de este concepto. Al igual que cualquier sistema inteligente, una *smart city* es aquella en la que la recopilación de datos basada en sensores y análisis potentes se utiliza para automatizar y organizar una amplia gama de servicios en aras de un mejor rendimiento, menores costes y un menor impacto ambiental. Una herramienta, pues, que tiene mucho que ver con lo que estamos comentando, ya que una ciudad inteligente podría ayudar, y mucho, a mejorar el entorno en los términos en los que estamos hablando. Datos. Conclusiones. Decisiones. Cambios.

«Una ciudad inteligente es una ciudad impulsada por datos, una ciudad en la que líderes municipales y ciudadanos tienen un conocimiento cada vez más sofisticado de las condiciones del área que supervisan y en la que viven, incluso del sistema de transporte urbano. En el pasado, el organismo regulador usaba encuestas para identificar las necesidades de los usuarios. Ahora, los líderes pueden unir la información sobre personas, lugares y productos utilizando un enorme despliegue de datos del Internet de las Cosas *(Internet of Things)*, de la inteligencia artificial y de otras tecnologías digitales. Con esta información pueden obtener una imagen más exacta en mucho menos tiempo y a menor coste para desarrollar activamente decisiones bien fundadas.» La visión sobre las *smart cities* del estudio *The 2019 Deloitte City Mobility Index*, realizado por Deloitte, aporta algunos aspectos clave que han de afrontar las ciudades para el desarrollo sostenible del hábitat urbano.

La movilidad, el *big data*, la inversión necesaria nos muestran la complejidad del proceso de transformación de las ciudades en entornos sostenibles.

La relación entre sostenibilidad, movilidad y *smart city* se puede ver en algunos ejemplos prácticos:

Una *smart city* potencia la *smart mobility*. El transporte es una de las constantes de la rutina diaria de todos. Debido al crecimiento de la movilidad inteligente, varias empresas están comenzando a invertir en el sector en proyectos cuyos principales beneficiarios son los consumidores. La clave está en conseguir que la expansión de la movilidad inteligente ayude a avanzar hacia las metas de las políticas públicas, como reducir la congestión del tráfico y fomentar una mayor productividad.

También los vehículos compartidos pueden contribuir a estas. Como estamos viendo, con mejores servicios de transporte compartido las personas pueden ahorrar dinero en sus viajes sin tener que lidiar con altos costes fijos. A su vez, se reduce el número de automóviles en la carretera, lo que hace disminuir las emisiones, mejorando la calidad del medioambiente. Otro campo sería la capacidad de crear un nuevo sistema de rutas dinámico. Se puede recomendar al usuario la mejor forma de ir de un punto a otro aprovechando todos los servicios que la ciudad pone a su alcance. Al crear un sistema dinámico flexible basado en la demanda, se tiene más control de la ciudad y se mejora el medioambiente. Además, esta es una excelente manera de promover el uso del transporte público y privado, en armonía.

La inclusión de nuevos enfoques para la gestión del tráfico en las ciudades brinda oportunidades adicionales para disminuir la congestión y priorizar el transporte compartido. Del mismo modo, un buen sistema general de gestión del tráfico es lo más eficiente de cara a resolver problemas como la contaminación, la respuesta a incidentes y el control del flujo en las calles.

Finalmente, el último ejemplo es el uso de análisis de *big data*. Con la aparición de los nuevos dispositivos IoT, ha habido un aumento de tamaño en los datos recopilados. Esta herramienta se puede aplicar a múltiples áreas con muchos propósitos diferentes: por ejemplo, se puede usar para predicciones en áreas con una gran densidad de población. En el caso del transporte, las aplicaciones más comunes con grandes datos son las plataformas colaborativas y de intercambio, que permiten una mejor eficiencia y control en el uso de los recursos de la ciudad.

Este es solo el comienzo de la iniciativa *smart cities*. El pensamiento prospectivo es clave para la implementación de soluciones que nos ayuden a construir ciudades inteligentes exitosas, efectivas y sostenibles. Cada ciudadano debe ser un ente proactivo, aceptar las limitaciones en su propia libertad de transporte (por ejemplo, reducir el uso de automóviles privados) y adoptar la búsqueda de objetivos compartidos y eficientes, especialmente a medida que las *smart cities* crezcan.

## Hacer del *big data* un aliado

Aunque lo he citado en el apartado anterior, merece que le dediquemos un punto, no para profundizar, pero sí para destacar el papel que, creo, juega en las ciudades del futuro y en la movilidad. El *big data*, como concepto, debe ser uno de los principales ejes sobre los que se desarrollen las políticas que definan cómo y hacia dónde vamos a ir en el futuro. Saber analizar la gran cantidad de datos que tenemos, y los que se sumarán en los próximos años, y hacerlo de forma imparcial, objetiva y pensando en alcanzar los objetivos marcados, será clave no solo para el sector público, que podrá tomar mejores decisiones, sino también para el privado, que se podrá aprovechar de las mismas para optimizar sus desarrollos y productos, impactando así de forma positiva en todo lo que lo rodea.

«Mientras estos esfuerzos tal vez no son tan glamurosos como la creación de una nueva aplicación para los ciudadanos o la instalación de semáforos inteligentes, son la condición *sine qua non* de un sistema de transporte que funcione bien y no requieren siempre una inversión masiva en nuevas infraestructuras. Las tecnologías digitales pueden ser importantes para facilitar el proceso, ayudando a las ciudades a identificar áreas problemáticas a través del *crowdsourcing* o a entender mejor los puntos fuertes y débiles de sus servicios a través de los macrodatos *(big data)* y del análisis de datos», dice el citado estudio *The 2019 Deloitte City Mobility Index*.

Sobre el *big data*, Deloitte incide en la necesidad de apoyarse en el mismo para mejorar la eficiencia de la gestión de la ciudad. Por ejemplo, la evolución hacia un transporte con mayor capacidad debido al crecimiento continuo de las grandes urbes, y al mismo tiempo más eficiente, puntual y sostenible, es imposible de concebir en el futuro sin la ayuda del *big data*. Detectar el tráfico de personas, los volúmenes de traslados diarios y hacia qué puntos exactos de la ciudad, las incidencias en la red viaria que puedan provocar embotellamientos, etc., todo ello podrá ser procesado por una inteligencia artificial, conectada al *big data* de la ciudad, para habilitar recursos que satisfagan las necesidades de transporte en cualquier momento para cualquier situación.

Resulta fácil comprender la aplicación del *big data* a las necesidades de la movilidad, pero existen otras áreas de gestión de la ciudad que se podrán mejorar para conseguir un entorno más sostenible. Por ejemplo, para la gestión de los residuos, se podrá saber en tiempo real la cantidad a recoger de los contenedores repartidos por la ciudad, la capacidad de cada uno, el tipo de materiales a reciclar y habilitar la flota de recogida necesaria cada día para cada distrito. En este mismo campo hay que destacar las posibilidades tecnológicas actualmente existentes de identificar a los usuarios de recogida de residuos y que, en diversos países europeos como Austria ya se están probando. Esta identificación en zonas densamente pobladas permite a su vez establecer sistemas de incentivos (un «efectivo sistema de pago por generación») que hace posible que el grado de separación en origen sea elevado y conlleve a una disminución de la generación de residuos municipales en aquellas ciudades donde se está implementado. No cabe duda de que, a su vez, tales posibilidades han planteado al tiempo nuevos retos como los vinculados a la aplicación de la legislación sobre protección de datos. En el año 2013, en un informe, la Agencia Vasca de Protección de datos constataba la relevancia de la información personal que se contiene en los residuos. Por este motivo, planteaba la conveniencia de que las Entidades Locales establezcan un sistema de gestión de los residuos respetuoso con la privacidad de las personas, que se encontrara previsto en sus ordenanzas un tratamiento específico de aquellos residuos que contengan datos de carácter personal y que contemple el proceso íntegro desde su recogida hasta su eliminación, utilizando para ello los instrumentos o medidas que la legislación establece.

El *big data* también permitirá mejorar la atención al ciudadano para reconocer las necesidades de cada departamento (salud, educación, empleo, vivienda...) y aplicar las actuaciones necesarias. Gracias al *big data*, un ente tan rígido como es una ciudad se transformará en una *smart city*, más resiliente, más amigable y sostenible.

En el ámbito de la movilidad, estamos en el amanecer de las mil soluciones que nos depara el futuro. Algunos ejemplos de estas soluciones son el transporte automatizado de la ciudad conectada, los coches autónomos, la logística de personas y mercancías por drones, los edificios autosuficientes y el tren Hyperloop, que permitirá viajar entre ciudades a 1.000 km/h evitando tomar un avión y reduciendo así la huella de carbono.

Además de estas soluciones tecnológicas y el *big data*, la movilidad dependerá de otro avance: el arquitectónico, o urbanístico.

## Mobility as a Service: un invitado que aún está por llegar

La movilidad en una ciudad dentro de 5 años no podrá entenderse sin hablar de la interconexión entre los distintos operadores. Las soluciones integradas MaaS (Mobility as a Service) son plataformas tecnológicas que intentan agrupar distintos operadores con la finalidad de mejorar la vida al ciudadano. Las podemos definir de varias formas, pero la idea básica es que el MaaS integra todos los modos de transporte de distintos servicios de movilidad en una sola aplicación, lo que facilita el desplazamiento sin el vehículo privado. La integración es la palabra clave. Un taxi es un servicio de movilidad, como también lo son un autobús, un tren, una moto o un patinete compartido. Pero ninguno de estos por sí solos es un MaaS. Así, como mínimo, debe haber dos servicios diferentes en la solución para que se pueda llamar MaaS. Por ejemplo: ir desde casa en moto compartida a la estación, coger un tren y desde allí un autobús hasta el trabajo, todo ofrecido y pagado desde una sola aplicación, sería una plataforma MaaS.

No obstante, un MaaS no debe confundirse con la multimodalidad. Siguiendo el ejemplo anterior, ir en un mismo viaje en moto, tren y autobús es multimodal, pero solo se integraría en un MaaS si se hacen todas las reservas y compras desde la misma plataforma. Hago esta aclaración por un motivo sencillo: muchas veces se habla de MaaS y en lugar de esto nos encontramos frente a simples aplicaciones *(apps)* que muestran horarios, posiciones, que fomentan la multimodalidad, pero no son una solución MaaS a nivel práctico. El MaaS, por definición, es multimodal, porque tiene que incluir más de un modo de servicio de movilidad, pero es que, además, ofrece más servicios. Los cambios que vivimos en el mun-

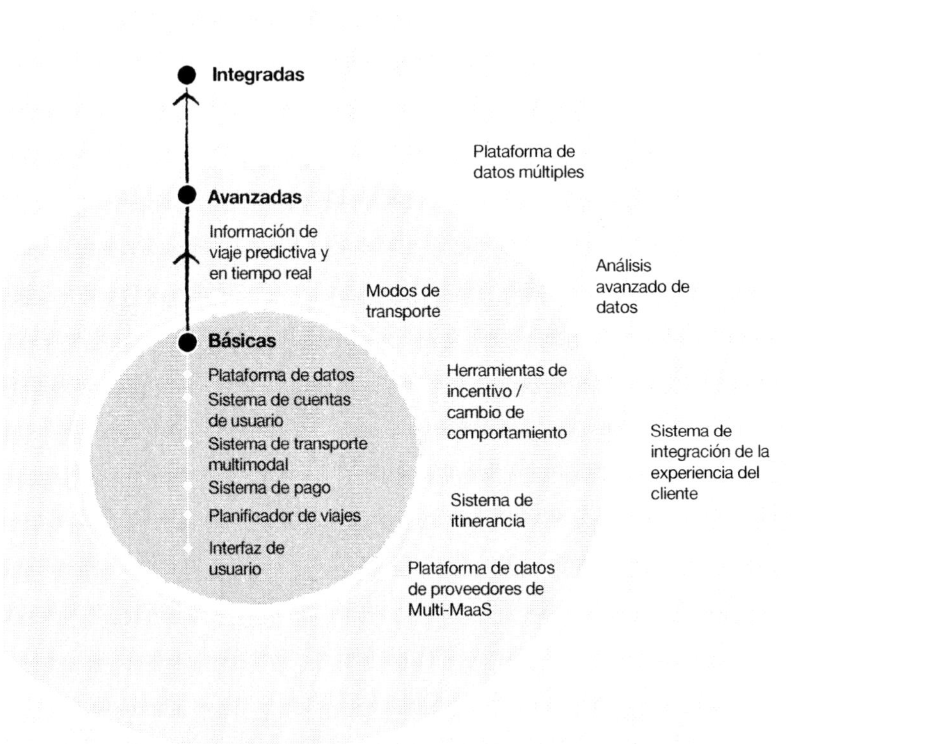


**Figura 9.** Los distintos componentes del MaaS permiten ver todas las posibilidades que ofrece

do de la movilidad y el acceso a sistemas de pago cada vez más sencillos y seguros constituyen un buen escenario para explorar el futuro de las plataformas MaaS. Trataré de explicarme en las próximas páginas.

¿Podemos hablar del MaaS siguiendo el esquema que propone el documento *Could Mobility as a Service solve our transport problems?* de The Institution of Engineering and Technology (IET)? En el mismo, las funcionalidades que debe tener un MaaS se clasifican en tres grandes grupos: básicas, avanzadas e integradas, lo que refleja las rutas evolutivas del MaaS. Los componentes básicos son los necesarios para proporcionar una oferta simple. El conjunto de componentes avanzados agrupa aquellos que ofrecen servicios adicionales como ofertas de múltiples regiones y proveedores, así como herramientas avanzadas de información de viaje. Las funcionalidades integradas van más allá del sistema de transporte, con el objetivo de ir de la mano con otros ámbitos (por ejemplo, salud, energía...) y así ofrecer una experiencia integral al ciudadano.

## Básicas

- Plataforma de datos: los datos son la base. La plataforma es la infraestructura subyacente requerida para agregar y procesar datos de múltiples fuentes entre el sistema de transporte (vehículos e infraestructura), la administración pública y los usuarios.
- Sistema de cuentas de usuario: maneja la información, las preferencias, el uso y las opciones de suscripción de los usuarios.
- Sistema de transporte multimodal: elemento esencial, son los modos de transporte ofrecidos, que pueden incluir transporte público, taxis, alquiler de bicis, coches, motos o, por ejemplo, patinetes.
- Sistema de pago: incluye los diversos métodos utilizados para pagar el transporte. Aquí se puede utilizar un pago por uso o una opción de prepago. Esta última es quizás la más intere-

sante, pues permite crear una cuenta *escrow* (cuenta de depósito en custodia o en garantía) que es propiedad del usuario. Este *escrow* o monedero podría permitir distribuir de manera proporcional los pagos correspondientes a cada uno de los sistemas de transporte utilizados en un solo viaje. Además, el pago se realizaría en tiempo real, reduciendo así el riesgo de impago o fraude.

- Planificador de viajes: ayuda a los usuarios a identificar y optimizar el modo de transporte, la ruta más práctica y el tiempo de viaje según sus preferencias (tiempo, coste, requisitos especiales, etc.).
- Interfaz de usuario: es la forma en la que el usuario ve la información. Podría ser a través de una interfaz web o una aplicación móvil.

## Avanzadas

- Información de viaje predictiva y en tiempo real: permite acceder a información en tiempo real, así como a un elemento predictivo que proporciona estimaciones de futuro cercano sobre un viaje. Esto sirve para ayudar a tomar decisiones con respecto al modo, la ruta e incluso la necesidad de continuar con un viaje.
- Modos de transporte: su oferta incluye todos los modos de transporte, públicos y privados.
- Herramientas de incentivo/cambio de comportamiento: tienen como objetivo impulsar cierto comportamiento de viaje para alcanzar objetivos comerciales o sociales específicos. Por ejemplo, al usuario que conduce de forma temeraria, a velocidad excesiva o en las aceras, en contra de las normas establecidas, se le puede penalizar con la imposibilidad de utilizar el servicio durante un tiempo determinado. Del mismo modo, al usuario que ha aparcado incorrectamente en varias ocasiones se le puede sancionar directamente, estando integrados los sistemas públicos (de imposición y recaudación de sanciones) con los privados (que

pueden tener acceso a esta información fácilmente si así lo requieren).

- Sistema de itinerancia: similar a los sistemas de comunicaciones móviles, este componente tiene como objetivo permitir a los usuarios de MaaS utilizar su cuenta para acceder a servicios de movilidad de otros proveedores y en diferentes regiones. Es decir, en un mundo en el que la mayoría de los organismos públicos (ayuntamientos o agencias de tránsito) tuviesen un sistema de API, las soluciones MaaS podrían ser globales, pudiéndose utilizar en distintas regiones, autonomías o países. Una API es el mecanismo más útil para conectar dos *softwares* entre sí para el intercambio de mensajes o datos. Es algo así como un asistente al que le puedes preguntar o enviar información, y te responde prácticamente en tiempo real. Así es como se convierte en un instrumento para buscar ingresos, abrirse al talento, innovar y automatizar procesos. En muchas ocasiones, los sistemas MaaS podrían funcionar como un agregador API de toda esta información. Se trata de un sistema que permite a cualquier empresa privada «enchufarse» al sistema central de la movilidad de una ciudad, para poder obtener información e incluso también pagar. De este modo, se habilitaría una oportunidad para cualquier desarrollador (pequeño o grande) de poder utilizar este acceso compitiendo con otras compañías por tener la mejor experiencia de usuario. Para que eso fuese posible, sería necesario que la administración pública actuase como punto único de agregación de información, forzando la interconexión entre los distintos operadores privados. La administración pública tiene la potestad de poder imponer este tipo de normas, pues no van en contra de la libertad de mercado, sino todo lo contrario. Ofrecerían, pues, una solución de agregación de los distintos operadores, dejando un sistema «abierto» al que cualquier desarrollador pueda acceder de manera gratuita.
- Plataforma de datos de proveedores de Multi-MaaS: permite a los proveedores de MaaS compartir datos, incluida la infor-

mación de la cuenta de los usuarios, para admitir servicios adicionales como los seguros de viaje.

## Integradas

- Plataforma de datos múltiples: admite la agregación de datos de diferentes sectores más allá del transporte. Por ejemplo, el sector del *retail* o el sector turístico se pueden interconectar con el MaaS para ofrecer soluciones personalizadas para cada viajero.
- Análisis avanzado de datos: tiene como objetivo desarrollar más información a partir de los datos multisectoriales para cumplir los objetivos del sistema de integración de la experiencia del cliente.
- Sistema de integración de la experiencia del cliente: analiza los datos para dar una experiencia de vida integrada en lugar de solo una experiencia de viaje.

En relación con la clasificación anterior, el ecosistema de MaaS puede llegar a tener un amplio espectro de *stakeholders* dependiendo de su extensión y nivel de madurez. Los podemos dividir en tres niveles:

### *Primer nivel: esencial para ejecutar un sistema MaaS central*

– Operador: posee y proporciona el servicio MaaS y la interfaz del cliente. El operador es un *player* nuevo e integra las ofertas/servicios del lado de la oferta y los ofrece como productos MaaS a través de una única interfaz.
– Pasajeros: son clave en el ecosistema. En función del modelo de negocio, los clientes pueden ser individuos, empresas o ambos.
– Proveedores y operadores de servicios de transporte público: uno de los principales proveedores del ecosistema, pues brinda la capacidad al operador de MaaS de ser útil en la última milla (por ejemplo, combinar el ferrocarril con un patinete eléctrico).

- Infraestructura digital y proveedores de servicios: actúan como proveedores para el operador y los proveedores de servicios de transporte. Dicha infraestructura y servicios incluyen la plataforma de datos, el sistema de procesamiento de pagos, la interfaz de usuario y la gestión de usuarios, así como el servicio de planificación del viaje.

### *Segundo nivel: ayudan a mejorar el servicio y a expandir su dimensión geográfica y funcionalidades*

- Proveedores de datos de movilidad y contaminación: son los operadores de carreteras o las distintas agencias gubernamentales que implementan sistemas útiles en la ciudad; por ejemplo, en materia de contaminación. Ya existen en la ciudad diversos sensores que permiten medir la contaminación por áreas. Este tipo de información podría ser útil para, por ejemplo, que la plataforma MaaS nos ofreciese la ruta con menos polución. La disponibilidad de datos interoperables, como estamos viendo, es importante, por lo que el papel del proveedor de datos es clave.
- Proveedores de análisis de datos: ofrecen sus capacidades al proveedor de MaaS y posiblemente a otros en el ecosistema. Procesan, gestionan y hacen que los datos estén disponibles en formatos interoperables. Y lo que es más importante: podrían proporcionar información sobre el sistema de movilidad y los usuarios, así como información de predicción.
- Otros operadores de MaaS: podrían integrar sus servicios en diferentes lugares y opciones de transporte. Son esenciales cuando se considera la prestación de servicios más amplios.
- Reguladores y formuladores de políticas públicas: proporcionan marcos de políticas y recomendaciones para el desarrollo sostenible del mercado, competencia, financiación, derechos de los pasajeros, apertura y uso compartido

de datos, privacidad y seguridad, estándares de calidad del servicio e inclusión social. Se supone que el desarrollo del mercado MaaS sería similar al mercado de las telecomunicaciones. Hay quien defiende que esta materia debería ser abordada a nivel regional o nacional. Personalmente, considero que es un error y que la responsabilidad del sistema de movilidad de una ciudad es de su Ayuntamiento. Es este y no otro quien mejor conoce las necesidades de la ciudad. Tampoco estoy de acuerdo con la idea de que la existencia de normas a nivel «local» impide de alguna forma la interoperabilidad de distintas ciudades en una misma plataforma MaaS, pues simplemente se trataría de generar un estándar de qué podemos y no podemos hacer, y por dónde, y de que este fuese exportable a cualquier tipo de plataforma informática (una vez más, probablemente en formato API).

- Inversores: incluye tanto a inversores privados como a fondos públicos. En muchas ocasiones, los sistemas de movilidad no son rentables o están parcial o totalmente subvencionados (por ejemplo, el sistema Bicing de Barcelona). En mi opinión, todo aquello que pueda hacer el sector privado (incluyendo asumir una inversión importante a cambio de conseguir una cuota de mercado limitada durante un tiempo que permita recuperarla) siempre será mejor que tirar de las arcas públicas para pagar los proyectos. Esto es especialmente importante en países como España, donde la picaresca está a la orden del día. Parece que, si algo lo paga el Estado, no hace falta devolverlo. Quién sabe qué pasará con el asunto de los ICO durante la Covid-19, o los préstamos ENISA, que no exigen garantía de ningún tipo ni liquidación preferente frente a los inversores privados. Este tipo de préstamos deberían ser tomados en consideración por los emprendedores tanto o más que los préstamos que les otorgan las entidades bancarias privadas.

*Tercer nivel: llevan la oferta de servicios más allá del transporte/ movilidad para ofrecer un servicio orientado al cliente más amplio e integrado y respaldar la entrega de objetivos municipales/ regionales*

- Proveedores de servicios de salud: podrían cumplir algunos de sus objetivos (por ejemplo, transporte activo) a través de herramientas de cambio de comportamiento de MaaS y posiblemente integrar algunos de sus datos para mejorar los servicios de movilidad para los pacientes.
- Minoristas y empresas locales: podrían ofrecer MaaS a sus clientes como parte de paquetes integrados (por ejemplo, *tour* de experiencias gastronómicas en distintos bares tradicionales de Madrid, donde el sistema MaaS es la base para ir de punto a punto).
- Proveedores de servicios de ciudades inteligentes: brindan una amplia gama de servicios donde la movilidad/transporte desempeña un papel importante, y donde se requiere una oferta multisectorial más integrada.
- Planificadores locales y regionales: podrían utilizar y apoyar la entrega de una oferta integrada de MaaS a través de la planificación del uso del suelo. Este grupo incluye planificadores de vivienda, desarrolladores y proveedores, dado el fuerte vínculo entre los esquemas de vivienda y la movilidad debido al énfasis actual en la sostenibilidad.
- Otros agentes que se benefician y/o contribuyen al ecosistema de MaaS: pueden ser compañías de seguros, organizaciones gubernamentales locales y nacionales, universidades e institutos de investigación, por ejemplo.

## Los datos, pagos y seguridad en los MaaS

¿Y los pagos? ¿Y los datos? ¿Uno por servicio? Sí, los pagos y los datos son uno de los problemas más grandes que actualmente tiene la movilidad compartida y que arrastran muchos de los servicios que se autonombran Mobility as a Service, aunque, si compartes mi visión, no creo que realmente lo sean. Hoy, para poder utilizar cada una de las opciones de movilidad que tenemos a nuestro alcance debemos descargar una aplicación o pensar en cómo podemos conseguir un billete para validar.

Barcelona, por ejemplo, tiene una buena red de autobuses y metro que funciona con un abono que se compra en las máquinas expendedoras, o puedes, desde junio de 2020 y solo en el autobús, pagar el billete de un solo uso con tu teléfono. Si antes o después quieres utilizar una moto compartida tienes que descargarte las aplicaciones de los distintos operadores que hay. ¿Y si debes utilizar un taxi o VTC? Aquí la cosa se complica: más aplicaciones. Y si solo fuera descargar, la cosa podría ser más o menos sencilla. Pero no. Cada una de las descargas implica un proceso de registro con dos cosas en común: los datos y el pago. Para cada servicio se deben repetir los mismos pasos. ¿Tiene sentido? Rotundamente no.

No me quiero extender mucho en dibujar el futuro de los pagos y los datos en el mundo de los MaaS, ya que se está definiendo y, en parte, es una de las bazas sobre las que los distintos *players* de la industria trabajamos. Pero sí que quiero señalar algunas de las bases sobre las que deberá asentarse una plataforma que se quiera considerar MaaS, condiciones que, a pesar de que hoy puedan parecer lejanas, no pasarán demasiados años antes de que se hagan realidad.

Tanto a nivel de pagos como de datos, será imprescindible la integración y compartición de la información de los usuarios, de tal forma que las empresas y administraciones responsables de los distintos servicios sean capaces de ver que compartir es sumar. Lo que a priori puede parecer dar una ventaja a la competencia, y es cierto que es algo que rompe con lo que hasta ahora considerábamos lógico, no hace más que ayudar a los usuarios a ver la movilidad como una oportunidad, a abrir la mente y a descubrirles que hay una ciudad más allá de una marca. Facilidad: esta es la palabra que los operadores deben fijar en sus mentes.

Estamos viendo que hay en juego muchos datos. ¿Significa esto poca privacidad? Una de las claves del MaaS es la compartición y el acceso a los datos. Pero un servicio en el que precisamente los datos están en el centro conlleva riesgos de seguridad y dudas, como quién es el propietario de los mismos, cómo se deben usar o cómo se deben compartir. Con la entrada del Reglamento General de Protección de Datos (RGPD) en Europa, así como los escándalos relacionados con la privacidad que han sobrevolado a empresas como Facebook, la forma en que se utilizan los datos se encuentra en boca de todos.

Si vives en una gran ciudad, será casi imposible no utilizar un sistema MaaS cuando estén operativos. Lo que por un lado puede ser una ventaja, y, de hecho, lo es, por el otro plantea dudas y preguntas sobre hasta qué punto esta información, que es muy completa, puede atentar contra la privacidad de los usuarios. Y es que sus aplicaciones pueden ser varias. Por ejemplo:

### Publicidad

La publicidad puede verse revolucionada por las plataformas MaaS. La información permitiría saber conductas, intereses y variables a los que hasta ahora hay un acceso más limitado. Esta tendencia podría coincidir con la vuelta de la publicidad exterior. En los últimos 10 años, la inversión en publicidad *online* se ha disparado, dado que, realizada a través de plataformas como Facebook, permitía a los anunciantes dirigir muy bien la publicidad enfocándola en los intereses del usuario, principalmente asociados a su grafo social. Por el contrario, la publicidad exterior debía ser genérica y poco customizable (pues está impresa en muchos casos, y sobre todo es incapaz de reconocer a las personas que pasan por delante de esta). La combinación de la publicidad exterior con plataformas MaaS abriría, seguro, una nueva vía para hacer publicidad exterior customizable, en función de quién va a pasar por delante de la marquesina, y cuándo.

### Rastreo

En el mundo del *big data* y la inteligencia artificial, los proveedores de servicios analizarán el flujo de datos de los usuarios para, por ejemplo, predecir atascos, anticiparse a probables puntos de accidente o analizar las rutas de ciclistas más frecuentadas para mejorar la carretera y la señalización. La pregunta gira en torno al consentimiento. ¿Cuándo cruzan estas prácticas analíticas una línea ética? Cualquier usuario que utilice una plataforma MaaS debe ser consciente de que, incluso si no están siendo utilizados por anunciantes, sus datos ciertamente están siendo objeto de una serie de elaboraciones que sirven para propósitos analíticos. Los proveedores de plataformas MaaS necesitan desarrollar un sistema transparente mediante el cual los usuarios tengan la oportunidad de saber cómo se llevan a cabo dichas prácticas y con qué propósito. De ahí la mención que he hecho anteriormente de las API.

## Compartición con la policía/servicios de emergencia

El trabajo con la policía y los servicios de emergencia es un arma de doble filo. El acceso a un conjunto de *big data* constante y cada vez mayor, en tiempo real, podría permitir una respuesta más eficiente a cualquier incidente. Pero en sociedades tan liberales como las que vivimos, se cree que las personas no deberían estar sujetas a vigilancia masiva sin causa probable, y que la policía no debería tener automáticamente un registro de los movimientos de las personas a través de un sistema MaaS sin que exista un requisito legal.

Sería necesario alcanzar un equilibrio delicado. ¿A cuántos datos deben tener acceso las fuerzas del orden y los servicios de emergencia? ¿Qué acceso es apropiado para optimizar las respuestas que potencialmente salvan vidas, y cómo sería el equilibrio con las libertades individuales de cada uno?

Así, la policía y los servicios de emergencia necesitarán construir una relación cercana con los proveedores, y los usuarios deben estar siempre informados de cómo funciona esta relación.

En general, las plataformas MaaS tienen el potencial de ofrecer grandes ventajas y ayudar a resolver algunos de los problemas más difíciles de nuestras ciudades en materia de contaminación, tránsito masivo, congestión y facilidad de uso. Sin embargo, también existe una preocupación importante en lo que a la seguridad se refiere en relación con la aplicación de dicho servicio basado en datos.

Lo importante es comenzar a prepararse para todas las cuestiones y dudas que este tipo de herramientas pueden provocar, para que así los usuarios y proveedores no se encuentren utilizando un sistema que no esté preparado e informado sobre estos desafíos.

## Innovar en lugar de, simplemente, «desplegar» por mera rutina

Hay un peligro que acecha la revolución de la movilidad y que, de hecho, es un viejo conocido de nuestro país. No sé si llamarlo la «fuerza de la marca», la «importancia de los contactos» o si, simplemente, todo es fruto de una misma forma de hacer durante años. Me refiero al hecho de que, en términos de otorgar licencias para nuevas formas de movilidad, para implementar nuevas aplicaciones y servicios, las administraciones estén, aún hoy, anteponiendo nombres a tecnologías. No es algo nuevo, como digo, pero sí que es sorprendente que, estando en medio de una revolución tecnológica como la actual, no se piense en el I+D sino desde el punto de vista de «lo que se ha hecho siempre», en las empresas de infraestructuras de toda la vida.

Cuando hablamos de cambios en la forma en la que los ciudadanos se mueven, en la que las ciudades están pensadas, en la que las personas viven su entorno, estamos viendo que no nos referimos a simples modificaciones. No. No solo queremos, sino que debemos ir más allá. Y esto solo se hace invirtiendo en desarrollo. Lo que hoy funciona, mañana puede quedar obsoleto, así que es deber de todos, pero sobre todo de la administración, velar por que, cuando se autorizan nuevos servicios, estos sean realmente innovadores y aporten algo a lo que ya existe. De la misma forma que no es lo mismo un teléfono móvil de hace dos años que uno actual, no podemos aceptar que un vehículo eléctrico, por ejemplo, no evolucione. Y, desgraciadamente, hoy esto sucede.

Así, en el mundo de los patinetes eléctricos se acepta que se desplieguen en las calles modelos pensados para uso personal que han sido modificados («tuneados») para ser de *sharing*. ¿Qué ha comportado y comporta esto? Problemas. Patinetes rotos, accidentes, robos, aplicaciones sin valor añadido... Por no hablar del bajo tiempo de vida de cada uno de estos vehículos y el impacto que tiene en el medioambiente. Lo mismo podemos decir de las motos eléctricas. Es un fenómeno real. Muchos grandes operadores, y no tan grandes, se lanzan al *sharing* sin innovar, sin aportar valor, y obtienen licencias por mera rutina: «si han demostrado que saben actuar en un ámbito, lo deben de saber hacer en otro», supongo que piensan las autoridades encargadas de dar los permisos. Una visión que, curiosamente, beneficia siempre a los mismos pero que va en su contra.

Las administraciones deben velar por innovar en las ciudades. Deben ser responsables de que la movilidad aporte de verdad, de que no suponga un problema, y hoy, en muchos casos, no lo hacen. Al contrario. Algunos de los problemas que existen es por falta de criterios y por los pocos requisitos que se imponen a los operadores. Sí, claramente una gran empresa puede comprar motos de la marca X, con una *app* simple, y ponerse a operar. Solo hace falta dinero. Pero valdría la pena mirar si de verdad la propuesta que se ejecuta ofrece algo nuevo más allá de la marca. Si analizamos los operadores que hay en las calles de España veremos que, algunos de ellos con mucho poder, se limitan a replicar lo que ya existe sin aportar mucho más. No fabrican vehículos, no invierten en I+D, no aportan valor. ¿Es lo que las ciudades y sus habitantes merecen?

En un contexto de cambio debería ser obligado que las autoridades sean parte del cambio, ya no solo ayudando a quienes realmente quieren innovar mediante subvenciones al I+D, y no solo apoyando la puesta en marcha de servicios, sino mediante subvenciones —vale la pena remarcar— atrevidas, que permitan que no solo una parte de la cadena de valor esté en España, sino que se traiga la mayor parte de ella hasta llegar, por qué no, a la fabricación. Cada día vemos nuevos retos, las ciudades cambian y es importante que los servicios también. Y hoy, por desgracia, esto no ocurre.

Una empresa con su propio I+D puede hacer evolucionar un vehículo en términos de funcionalidades, de composición de los materiales, más respetuosos con el medioambiente, lo puede dotar de elementos que permitan estudiar las ciudades (el nivel de contaminación, por ejemplo). Es decir, puede aportar valor y hacer evolucionar el servicio de forma más rápida y efectiva. Apostar por el I+D debe ser un *must* en estos momentos en los que vivimos.

La innovación no debe ser vista como un complemento adicional. Tiene que ser una obligación, y las autoridades deben ser conscientes de esto, apoyando y apostando por ella. No podemos llenar las calles de vehículos sin valor añadido, y al otorgar licencias se debe tener en cuenta que, realmente, lo que se despliegue sean vehículos innovadores, que respeten la ciudad y el entorno, que cambien las reglas del juego y apuesten por la revolución que estamos viviendo, lejos de influencias, tradiciones y marcas. Solo así transformaremos nuestras ciudades.

## Una administración que se alía con lo privado

La innovación en tecnologías y nuevos modelos de negocio está cambiando el transporte en todo el mundo. Y las ciudades no deben ver a los proveedores de nuevos servicios de movilidad como rivales. Los productos y servicios que estos crean han demostrado sobradamente su funcionalidad desde todos los puntos de vista: social, económico y ambiental, y el sector público debe acercarse a ellos y verlos como socios potenciales para ampliar el acceso al transporte sostenible en las ciudades.

Para facilitar una colaboración productiva, se deben tener en cuenta algunos problemas que pueden aparecer y que han de tomarse en consideración al determinar cómo integrar mejor los nuevos servicios de movilidad con los sistemas de transporte de las ciudades. Se centran en tres ámbitos: inversiones, datos e impacto.

La infraestructura de transporte público sigue y seguirá siendo esencial para mover a las personas de manera eficiente a través de las ciudades y debe mantenerse. Al final, los nuevos servicios de movilidad también dependen de los sistemas de transporte público, así como de otros activos de transporte, como aceras, carriles bici, carreteras, túneles y semáforos. Pero la popularización de nuevos servicios de movilidad podría causar cambios sustanciales en la cantidad de pasajeros entre los distintos modos de transporte que marcarán la necesidad de diferentes tipos de infraestructura de transporte a largo plazo. Por lo tanto, las ciudades deben equilibrar el gasto a corto plazo en mejoras de su infraestructura de transporte existente con planes de inversión en infraestructura basados en proyecciones a largo plazo, teniendo en cuenta cómo evolucionarán los sistemas y patrones de movilidad.

Además, la administración debe proporcionar incentivos para que las ciudades experimenten con nuevas aplicaciones de movilidad a través de proyectos piloto. Un mecanismo para hacerlo puede ser un programa que otorgue subvenciones para ayudar a las ciudades a obtener nuevas aplicaciones de movilidad y monitorear los proyectos piloto para que puedan ser evaluados. Dicho marco puede ayudar a identificar los proyectos más exitosos y destacarlos como posibles modelos para su uso en otras ciudades.

Por otro lado, sabemos que el acceso y control de los datos es el alma de prácticamente todas las nuevas empresas de movilidad. Por lo tanto, las ciudades tienen que fomentar la colaboración con estas empresas brindándoles información sobre sus sistemas de transporte. La General Transit Feed Specification (GTFS) es un ejemplo de estándar que se puede aplicar a toda una red de tránsito, y más de 900 ciudades de todo el mundo utilizan GTFS para compartir datos sobre sus sistemas de transporte. Los datos recogidos de acuerdo con estos estándares hacen posible que tanto las ciudades como las compañías de movilidad estudien la demanda y el uso de varios modos de transporte en detalle y puedan así identificar puntos de mejora, hacer comparaciones entre ciudades y extraer ideas que podrían usarse para mejorar el rendimiento de los sistemas de transporte a lo largo del tiempo.

Todo esto puede ser recíproco, y se ha de poder acceder también a los datos de las empresas privadas. Una cosa tiene que estar clara: se deben tener en cuenta las implicaciones de privacidad y seguridad que conlleva compartir datos en los sistemas de transporte público, así como los datos que las empresas de movilidad recopilan de sus clientes y otras fuentes privadas. Algunas ciudades pueden descubrir que tienen un gran interés en asegurarse de que se pueda acceder a los datos anónimos de fuentes privadas, sin comprometer la privacidad del usuario o exponer los datos a los competidores, para que sus autoridades de tránsito puedan beneficiarse de ellos.

La integración de nuevos servicios de movilidad con los sistemas de transporte público inevitablemente influirá en los salarios, el número total de empleos y los distintos puestos de trabajo existentes dentro del sector del transporte, así como en los sectores directamente relacionados con tales cambios, como la tecnología, la ingeniería y la construcción. La demanda aumentará para ciertos tipos de trabajo y disminuirá para otros, dependiendo de las nuevas aplicaciones de movilidad que se implementen en cada ciudad. Es trabajo de estas, entonces, hacer una proyección de los posibles efectos en el empleo de las nuevas soluciones para poder comparar estos efectos con los otros beneficios y costes económicos y sociales de asociarse con nuevos proveedores de movilidad. La administración también puede considerar desarrollar planes de apoyo social, capacitación laboral y otros programas para ayudar a aliviar la presión que pueden experimentar algunos trabajadores.

## Baterías, baterías y bater...

Para que la extensión del uso de los vehículos eléctricos contribuya a la movilidad en las grandes ciudades y, al mismo tiempo, a la reducción de las fuentes de energía contaminantes hay un elemento clave: la autonomía de las baterías. Una batería eléctrica, al igual que ocurre con las pilas domésticas o los acumuladores, no es más que un almacenamiento de energía química que se libera en forma de electricidad al cerrar un circuito entre sus bornes o polos.

Pese a las ostensibles mejoras experimentadas en los últimos tiempos, la capacidad energética de las baterías sigue siendo, con mucho, inferior a la que se obtiene mediante la combustión de los derivados del petróleo. El petróleo libera unos 42.000 kilojulios por kilogramo, mientras que una batería de iones de litio de alta densidad puede llegar a liberar alrededor de 500 kilojulios por idéntica cantidad, es decir, alrededor del 1,5 %.

La cantidad de energía que puede almacenar una batería se mide en kWh (kilovatios/hora) o en Ah (amperios/hora) y está directamente relacionada con la autonomía de los vehículos. Una batería actual de iones de litio de 33 kWh proporciona una autonomía de 300 kilómetros, mientras que los modelos equipados con baterías de 90 kWh pueden alcanzar, teóricamente, los 480 kilómetros sin recargar.

La autonomía de cada modelo depende también de otras características de su diseño, entre ellas el peso y la aerodinámica. En un sector en constante evolución, diversos fabricantes están anunciando modelos con autonomías de hasta 600 kilómetros.

Aunque la tecnología de las baterías ha ido evolucionando progresivamente en los últimos años, aún es un mundo por descubrir y en el que ha entrado un invitado «inesperado»: el grafeno. Mucho se ha hablado del grafeno, ese componente «milagroso» que puede ser la cura para todos los males en la industria del *hardware*, lo que, por supuesto, incluye las baterías. ¿Qué sucede entonces con las baterías de grafeno? ¿Son un mito o ya se están implementando?

El grafeno (descubierto por los físicos rusos Andréi Gueim y Konstantín Novosiólov en 2004, lo que les valió el Premio Nobel de Física en 2010) es una sustancia compuesta por carbono puro cuyos átomos están dispuestos en un patrón regular hexagonal y que suele describirse como el material del futuro. Este abundante nanomaterial que se obtiene del grafito es 200 veces más resistente que el acero estructural, es muy ligero y flexible y además mejor conductor térmico y eléctrico que el cobre, lo que supone toda una revolución.

El grafeno se utiliza actualmente en la fabricación experimental de nuevas baterías, lo que permite una mayor autonomía y menor tiempo de carga. Así, el electrodo de grafeno ya está usándose en baterías convencionales —como las de iones de litio— que permiten recargas en muy poco tiempo.

Pero ¿qué supone el grafeno en el mundo de las baterías y en qué se diferencia del ion de litio que se usa actualmente? En Reby tenemos la suerte de trabajar con Eduard Alarcón, profesor e investigador en la Universitat Politècnica de Catalunya y uno de los mayores expertos en grafeno del mundo. Eduard explica que el grafeno soluciona uno de los grandes problemas de las baterías de iones de litio: el tiempo de carga, ya que lo mejora del orden de 1.000 veces. Si bien es cierto que la menor densidad de energía que atesoran las baterías de grafeno en comparación con las de iones de litio supone que el tamaño de las primeras sea mayor, «que este sea el precio a pagar para cargar mil veces más rápido vale la pena», afirma.

Aun así, Alarcón explica que «la verdadera innovación no es la carga rápida, que puede suponer invertir 2 minutos en lugar de 3 horas. Lo que realmente permite el grafeno es encontrar aplicaciones disruptivas como hacer un intercambio de energía *peer-to-peer* en un segundo. Imagina encontrarte con un amigo en un semáforo y recargar en un segundo la batería de un patinete a otro. Esta es la verdadera revolución». En este sentido, esta visión de la carga instantánea permite pensar aplicaciones que hoy no existen. Aquí está el verdadero potencial, «plantear intercambios grupales, un cambio y un potencial hoy inimaginable», añade.

El problema principal es que actualmente la fabricación a escala masiva de baterías de grafeno es imposible. Si bien es cierto que para las baterías no es necesario un grafeno puro, como el que se usa para la electrónica, sí que es uno de los materiales más caros de fabricar a gran escala. De esta forma, deberemos esperar unos años para poder ver una implementación global. Con todo, no debemos imaginar el grafeno como un material de laboratorio que solo sirve para la investigación. Hay una apuesta estratégica para llevarlo al mundo real. De hecho, la Comisión Europea invirtió 1 billón de euros durante 10 años para investigar todo lo relacionado con el mismo.

Eduard también destaca la vida útil de las baterías como otro factor que cambiará en los próximos años. Esto es algo que habrás vivido con tu teléfono móvil, viendo cómo, en no demasiado tiempo, su batería pierde horas de duración. «Este campo lo revolucionarán los supercondensadores, un híbrido entre batería y condensador, que permite 50.000 ciclos entre carga y descarga», afirma. Hoy, debemos tener en cuenta que una batería de iones de litio solo aguanta 2000. Una mezcla entre ambos conceptos, grafeno y supercondensadores, pues, supondrá un cambio completo de paradigma. «En el caso de los coches eléctricos, por ejemplo, se podrá conseguir más densidad, más autonomía y picos de potencia para tener una conducción más agresiva», explica.

Otro inconveniente importante de la recarga es la compatibilidad de los enchufes. Los distintos fabricantes han recurrido a puertos de carga que no son totalmente compatibles y, hasta la fecha, la administración no ha impuesto una reglamentación que fije el «cargador estándar», algo muy importante de cara a generalizar el uso de puestos de recarga en las estaciones públicas, ya que puede generar la imposibilidad de recargar un vehículo eléctrico concreto en alguno de los puestos disponibles.

Recientemente se han desarrollado diversos diseños de conectores incompatibles entre sí, que luchan por el dominio del mercado. Mientras que los productores alemanes y norteamericanos se unieron para crear el Combined Charging System (CCS), como sistema normalizado que incluyera la opción conjunta de carga en CA y en CC, China continúa apostando fuerte por su modelo Guobiao GB/T, además de estar trabajando para poner en el mercado un modelo para cargas ultrarápidas que supondría multiplicar por cuatro la potencia de recarga actual.

Además de los citados, existen otros conectores muy extendidos, como el CHAdeMO, estándar japonés de carga rápida en corriente continua, el Mennekes o la propuesta CCS de conector único combinado.

Por ello, es necesario y cada vez más urgente que las administraciones públicas internacionales se pongan de acuerdo para hacer compatibles los conectores de carga de todos los fabricantes de vehículos eléctricos, una carencia de reglamentación que supone un freno importante en el avance del sector y que disminuye las posibilidades de recarga de los usuarios de vehículos eléctricos.

## Realidad y ciencia ficción

La tecnología se halla omnipresente prácticamente en todas las esferas del desarrollo humano, y por lo tanto es indispensable para nuestro progreso. El único problema es que prever cuáles serán las tecnologías sostenibles que se desarrollarán en el futuro es una labor casi adivinatoria. Como hemos visto, el lento desarrollo de una tecnología permite que otra tecnología basada en otros principios y otras áreas de conocimiento sustituya a la primera. Todos recordamos la voz enlatada de los robots de las películas de ciencia ficción, y mientras esperábamos entablar una conversación con un robot frío y calculador, de repente aparecen inteligencias artificiales que nos hablan con la calidez de un amigo, como en la película *Her*.

Desde hace casi un siglo, el cine se ha encargado de hacernos creer que los vehículos del futuro serán cohetes y naves espaciales, incluso para la movilidad urbana. Lejos de la épica de los 35 milímetros, las tendencias en el diseño de transportes apuntan hacia nuevos formatos cuyo común denominador es el ahorro de energía, el empleo de las plataformas públicas ya existentes y la autonomía horaria.

Las innovaciones tecnológicas siempre suceden a un ritmo más lento del esperado. Que la telefonía móvil ha modificado nuestras vidas y valores es una obviedad, pero la velocidad a la que se desarrolló dicha tecnología depende de la fecha a partir de la cual uno considere que se inició ese proceso. ¿La década de los 90? ¿Los 80? ¿Y el año 1947? Fue el año en el que, en un trabajo para los Laboratorios Bell realizado por Douglas H. Ring, aparece la descripción de un sistema celular. Y entonces tuvieron que pasar más de 45 años, hasta los 90, más o menos cuando yo nací, para que la tecnología móvil floreciera y se hiciera accesible al mercado de gran consumo.

Tras la comercialización masiva, la sociedad fue cambiando sus hábitos progresivamente, década tras década, generación tras generación, del mismo modo que han causado cambios semejantes los automóviles, la televisión o internet. Todas ellas tecnologías que transformaron nuestros hábitos y nuestros valores.

Revisando algunas lecturas de ciencia ficción de la primera mitad del siglo XX, podemos encontrar en la obra *Un mundo feliz,* escrita en 1932 por Aldous Huxley, cómo el desarrollo de los estudios sobre la genética determinaría los oficios de las personas. Y, efectivamente, la ciencia de la genética está en desarrollo en la actualidad, pero avanza muy lentamente. Aún estamos lejos de «diseñar» a personas garantizando el control absoluto de la técnica. Al menos Aldous Huxley contextualizó su novela en una fecha aún lejana, 2049.

George Orwell imaginaba en 1949 cómo los gobiernos nos controlarían a través de las tecnologías en el año que daba titulo a su obra, *1984*. Y los gobiernos llevaban tiempo intentándolo, pero no fue hasta la llegada de los *smartphones*, 20 años más tarde, cuando pudieron alcanzar su venerado sueño.

En 1950, Ray Bradbury imaginaba en su obra *Crónicas marcianas* la colonización de Marte en la primera década del siglo XXI. A pesar de iniciativas privadas como la de SpaceX de Elon Musk, todavía estamos lejos de poder colonizar un planeta vecino.

Y si tomamos como ejemplo las películas que nos ha dejado el cine, descubriremos que estamos alcanzando todas las fechas de aquellas películas tan, pero tan optimistas sobre la evolución de la tecnología... Para muestra, un botón: En *2001: Una odisea del espacio*, dirigida por Stanley Kubrick y estrenada en 1968, el famoso director imaginaba una estación espacial con un sistema para generar su propio campo de gravedad y un ordenador con una inteligencia artificial asombrosa para el año 2001.

*Blade Runner*, dirigida por Ridley Scott, imaginaba la ciudad de Los Ángeles con coches voladores y una tecnología robótica, los replicantes, que rozaba la perfección para el año 2019. Ya hemos superado la fecha y ni en uno, ni en diez ni en veinte años tendremos robots como los que aparecen en la película. En un tono más desenfadado, en *Regreso al Futuro II*, dirigida por Robert Zemeckis en 1989, nos encontrábamos con un futuro de monopatines voladores (amén de la máquina del tiempo sobre ruedas) para el año 2015. La imaginación supera la capacidad del ser humano para llevar sus sueños al mundo real.

Desde otra perspectiva, a diferencia de lo que pronosticaban las pelis de ciencia ficción, el futuro del diseño de transportes tiene muy presente el papel del piloto o conductor. Cierto es que los coches han ido incluyendo sofisticaciones tecnológicas como los elevalunas eléctricos, el ABS y el *airbag*, y el sistema de estacionamiento automático, para evitar las duras maniobras y los complicados cálculos de espacio para aparcar. Sin embargo, ¿realmente es esto lo que queremos?

Como explicaba el diseñador de transportes Markus Haub en una entrevista en *La Vanguardia*, «en la mayoría de los casos el conductor desea ser quien decida lo que hace su vehículo. Vemos el coche como una extensión de nuestro cuerpo. Queremos adelantar, pisar el acelerador, cambiar de marchas... A veces estas sofisticaciones resultan ser demasiado complejas, caras o simplemente innecesarias. Además, muchas de ellas suponen un consumo extra de combustible, con lo que chocamos de frente con uno de los principales retos del futuro: el ahorro de energía». El tiempo dirá si el consumidor quiere autonomía o control.

Sin duda el camino a recorrer es aún largo. Se podría decir que nos encontramos en el nacimiento de la sostenibilidad. Poco a poco asistiremos a una revolución en nuestro estilo de vida actual que, en la mayoría de los casos, vendrá acompañada de otra gran revolución: la de la tecnología sostenible. La clave reside en saber qué tecnologías necesitaremos desarrollar y, para ello es necesario un enorme taller de pruebas que nos permita experimentar desde tecnologías de bolsillo a tecnologías arquitectónicas para una ciudad del futuro.

# 7

## Actuemos

> «Cesen los egoísmos, cesen los hegemonismos, cesen la insensibilidad, la irresponsabilidad y el engaño. Mañana será demasiado tarde para hacer lo que debimos haber hecho hace mucho tiempo.»
>
> ALEJANDRO R.

La movilidad compartida es el futuro. No podemos entender un mundo sostenible sin cambiar la movilidad. No tiene sentido gastar dinero y tiempo en el mantenimiento y estacionamiento de vehículos que en realidad solo utilizamos alrededor de un 5% del tiempo. No puede ser que estos vehículos condicionen las ciudades, cómo las pensamos, cómo las vivimos. No es lógico que la propiedad pase por encima de la practicidad, del medioambiente. Lo hemos visto en estas páginas y considero que es el camino a seguir.

En términos de movilidad, de transporte de personas, me parece claro que debemos pasar de una propiedad privada que se ha demostrado inefectiva a otra que sea compartida, en la que no tengamos un solo vehículo, sino múltiples vehículos (coche, moto, patinete...) interconectados entre ellos y con el transporte público existente. Esta red, esta forma de entender el mundo de manera colectiva, es la que puede por un lado hacer más habitables las ciudades y por el otro más eficientes la multitud de desplazamientos que cada día se realizan y que no pararán de crecer.

Llegar a este punto solo se puede hacer de una única forma: involucrando a todos los actores, públicos y privados, trabajando de la mano. Se deben saber tejer puentes que permitan que las fortalezas de cada uno se unan a las del otro. Un ejemplo: que los datos que tiene la administración pública puedan ser utilizados por las empresas privadas. En este sentido, la legislación europea sobre reutilización de la información pública es un exponente excelente, ya que parte del hecho de que la información del sector público es una fuente extraordinaria de datos que pueden contribuir a mejorar el mercado único y el desarrollo de nuevas aplicaciones para los consumidores y las personas jurídicas, pudiendo tener el empleo inteligente de los datos, incluido su tratamiento a través de aplicaciones de inteligencia artificial, un efecto transformador en todos los sectores de la economía. En mayo de 2019, se aprobaba la nueva directiva de reutilización de información pública cuya primera regulación fue acometida hacía ya dos décadas. Y, por otro lado, los conocimientos de la empresa privada pueden servir a la administración para mejorar el entorno. En un momento como el que vivimos, de cambios, pero a la vez volátil, incierto y ambiguo, debe ser un resorte que haga que esta transformación se haga realidad. Esto se engloba en el concepto VUCA (del inglés *Volatility*, *Uncertainty*, *Complexity* y *Ambiguity*).

Utilizado por primera vez por los soldados norteamericanos en los años 90, actualmente VUCA se usa para describir el contexto en el que se encuentran las empresas y organizaciones a partir de la crisis financiera mundial de los años 2008 y 2009 y, pienso, de la que estamos pasando en la actualidad, derivada, en parte, de la crisis pandémica de la Covid-19. Son precisamente estos cuatro puntos que forman la palabra VUCA los que deben servir para cambiar lo que nos rodea y las ciudades. Los entornos VUCA nos obligan, ahora más que nunca, a forjar un potente equipo de trabajo.

No podemos, creo, quedarnos en la primera línea, y decir que todo pasa por administración y empresa privada. Vayamos más allá y recojamos los términos que ya existen en el mundo de la sostenibilidad, como el de economía circular. Hacerlo implica llevar la nueva movilidad a todos los segmentos de la sociedad: desde los materiales, la fabricación o la explotación (energía verde) al trabajo, implementación y desarrollo (personas con discapacidad intelectual, física o sensorial, asociaciones, vecinos...). No lo digo porque toque, sino porque creo que es el camino.

Involucrar al entorno impacta no solo en lo evidente, que sería la reducción en los desplazamientos, el reaprovechamiento y lo comentado páginas atrás, sino que hace que quienes habitan las ciudades sean parte del cambio. Y ¿por qué es importante esto? Si has estado en una empresa alguna vez, habrás vivido cómo, al cambiar el sistema informático, hay trabajadores que no lo ven claro. Resistencia al cambio. Y de lo que estoy hablando es, precisamente, de un cambio, de una forma nueva de desplazarse, de vivir, por lo que para evitar o reducir estas fricciones no solo es importante, sino imprescindible, que todo el mundo sea partícipe. Y se puede. No estamos jugando a enriquecernos. Si lo hiciéramos no pensaríamos en sostenibilidad. No aumentaríamos costes para que el impacto en el medioambiente sea menor. Queremos cambiar el entorno. Y esto se hace en comunidad.

Hasta ahora la administración ha estado dando pasos valientes para que, por lo menos, se empiece a andar este largo camino. Vale la pena, y lo digo porque lo he vivido desde mi experiencia personal, destacar el trabajo hecho en Barcelona para implementar medidas, no siempre fáciles ni populares, que buscan mejorar la salud entre quienes vivimos en la ciudad reduciendo el número de vehículos de las calles y modificando la manera en que estos circulan por las mismas. Pero no nos podemos conformar, y aquí los ayuntamientos, las diputaciones y los gobiernos autonómicos tienen mucho que hacer y decir.

Más allá de nombres, de municipios, pueblos, provincias o comunidades autónomas, la administración debe implementar políticas atrevidas, que busquen de verdad cambiar las cosas. Pero no lo puede hacer si cada uno inicia una guerra por su cuenta, ya que la forma en la que están hechas las leyes supone que legislar en un sentido puede no servir de (casi) nada si otro no lo cumple, lo que conlleva actos que, si no se llevan a cabo, tienen el peligro de ser meramente decorativos. Así, el camino es, claramente, unirse y ejercer un poder supramunicipal que haga algo que parece obvio pero que no es fácil: que las cosas pasen.

¿De qué sirve hacer una Zona de Bajas Emisiones en Barcelona si el transporte público para llegar a la ciudad no mejora? ¿O hablar de Madrid Central sin tener en cuenta a las ciudades de alrededor de la capital? Dos ejemplos, pero a la vez dos problemas que ya se han manifestado ante las dos primeras acciones que se han tomado. Las administraciones, pues, se deben aliar, deben romper los muros que las separan y actuar pensando en globalidad para poder, así, actuar localmente.

Vivimos en una democracia. El hecho de que cada 4 años elijamos a nuestros representantes puede ejercer un impacto en las decisiones que toman los políticos. En este sentido, me pareció especialmente valiente la convicción de Giuseppe Grezzi, quien, pasadas las elecciones, siguió implementando el carril bici en toda Valencia, pese a las críticas y a las presiones recibidas desde muchos ámbitos. Los datos, parece, le están dando la razón, como demuestra el informe presentado en febrero de 2020 que indica el crecimiento del uso de la bicicleta y el patinete eléctrico. Así es: la administración debe atreverse a transformar las ciudades, con medidas que sean de fácil implementación (y, a la vez, rápidamente revocables), pero también construyendo, destruyendo lo existente y dando un vuelco de 360 grados a lo que hoy existe. No es sencillo, puede no ser popular, pero sí que es imprescindible. La clave, como muchas cosas en la vida, es escuchar. ¡Ojo! Escuchar no es obedecer. Pienso que saber lo que sucede, lo que los distintos actores quieren, hará que de verdad podamos cambiar la forma en la que nos movemos.

En este contexto, la iniciativa privada no debe pensar solo en ella, como una seta aislada. Debe, y digo debe, no puede, ser parte. Debe poner su servicio, su tecnología, al alcance de la ciudad. Datos, conocimientos, API... Todo, sumado, es lo que hará que este nuevo modelo del que hablamos tenga sentido. Un fácil ejemplo: imaginemos que hay 15 servicios de vehículos compartidos y cada uno va por libre. ¿Serán útiles? No. El ciudadano se verá incapaz de utilizarlos sin instalar igual número de aplicaciones. ¿Resultado? Fracaso. En este caso, la colaboración sería el uso de plataformas transversales e integradoras. Sin miedo, pensando solo en que la suma hace la fuerza.

El MaaS, la integración de varias formas de servicios de transporte en un solo servicio de movimiento accesible bajo demanda, es quizás el término más utilizado para explicar a lo que me refiero.

Lo que yo veo en este sentido es que el futuro de la micromovilidad es un negocio basado en la infraestructura. Partimos de un contexto en el que esta micromovilidad se está convirtiendo en un producto de bajo margen, controlado por el municipio, a través de la regulación y los límites de la utilización del espacio público, pero lo que hace falta es un MaaS que permita a los operadores y las ciudades obtener un verdadero valor. Hoy no es así. Las ciudades carecen de soluciones integrales para los problemas de movilidad urbana, y las que hay son caras, fragmentadas, les falta desarrollo y les sobran dificultades burocráticas. De esta forma, ni operadores, ni administración ni usuarios sacan ninguna ventaja de su uso. Ninguna.

Debemos transformar el MaaS, dando un verdadero valor añadido a las ciudades y los responsables de movilidad. Un valor en forma de datos, de identificación, de API, de personalización, de integración que les permita ser quienes dominen el concepto, quienes marquen la línea a seguir y quienes faciliten realmente el uso del nuevo transporte que ya está llegando. Esta forma de ver el MaaS, que resulta transparente para el usuario, debe ser la responsable de la gran adopción que la movilidad sostenible trae consigo.

Pero no es algo solo para usuarios y administración. Los operadores deben, si realmente desarrollamos el modelo que comento, poder verificar los datos de los usuarios para hacer registros y pagos rápidos, —sin necesidad de poner tarjetas ni descargar *apps*—, recibir datos que les ayuden en la optimización de la flota, trabajar de forma colaborativa con los otros medios de transporte...

Pero vayamos un poco más allá. Hay un término que utiliza el Foro Económico Mundial que me gusta: Mobility as a Sustainable Service (MaaSS), que se centra en el concepto de que debemos llevar la ecología, y no solo la interconexión, al centro de nuestras ciudades. Haciendo este cambio desde la movilidad a la sostenibilidad, y consiguiendo que lo que hoy conocemos como MaaS sea visto como un servicio sostenible (MaaSS), podríamos superar el obstáculo actual que supone compartir datos con los proveedores de multimovilidad.

Pero aún hay más: la movilidad sostenible, el cambio que comporta, te puede beneficiar a ti. Y te daré tres motivos que resumen lo que hemos visto en este libro.

## 1) La movilidad sostenible impacta en el progreso económico

El impacto en la economía de la movilidad sostenible, como hemos estado hablando, está ampliamente demostrado. No solo la planificación inteligente y el uso del transporte público son una fuente de ahorro tanto para la administración pública como para los ciudadanos, sino que el uso de vehículos compartidos ecológicos es beneficioso para el crecimiento económico. Dos ejemplos: el ciclismo ha creado 650.000 empleos en Europa, facturando 44.000 millones de euros en 2017, y los estudios realizados en áreas cerradas al tráfico motorizado, accesibles solo para peatones, bicis o patinetes, han observado un aumento de las ventas.

## 2) Movilidad sostenible y estilos de vida más saludables

Elegir moverse a pie, bicicleta o patinete para llegar al trabajo es vivir de manera más saludable, combatir el estilo de vida sedentario y mantener una buena forma física. Dejar el automóvil en el garaje incluso mejora la salud mental. Ir en bicicleta es menos estresante, y aquellos que viajan en transporte público están más relajados y nuevamente encuentran un tiempo precioso que les da la oportunidad de leer o socializar. Además, se reducen las emisiones producidas por los coches.

### 3) Movilidad sostenible para salvar el planeta

El sector del transporte consume grandes cantidades de energía: es responsable de un tercio del consumo de energía en la Unión Europea. La energía utilizada actualmente se produce principalmente a partir de fuentes no renovables, como el petróleo y el gas, y, de estas emisiones, el 90 % proviene del transporte por carretera, mientras que los viajes en tren y por agua son responsables de solo el 10 %. Nuestro planeta ya no puede soportar la contaminación del transporte, es urgente un cambio hacia la sostenibilidad.

Visto todo esto, una cosa está clara: el momento es ahora. Unámonos administración, empresas, ciudadanos y todos lo que conformamos este mundo en el que vivimos y hagamos el cambio realidad. Mañana puede ser tarde.

# Epílogo: equivocándonos cada semana

Con Reby llevamos casi dos años tratando de contribuir con nuestro granito de arena a la lucha contra el cambio climático, reduciendo la contaminación por carbono y apostando por la transición del sector de la movilidad con el uso de fuentes de energía totalmente renovables. Luchamos por pensar una nueva realidad. Han sido días de pasión, de empeño, de imaginar, de redescubrir, de —a veces— improvisar, de hablar con mucha gente, de escuchar más, de actuar, cambiar de rumbo y, por qué no, volver a empezar. Estamos en un momento de revolución, y las revoluciones nunca acaban, son continuas. Pero no nos sentimos solos. Para nada.

Como os decía al principio, siempre me ha gustado trabajar con personas más inteligentes que yo, de las que pueda aprender cada día. Es por ello que estoy muy orgulloso de trabajar con un equipo excepcional y rodeado de talento que lucha por una misma misión.

En esta ecuación juega un gran papel la administración. El camino a recorrer lo debemos hacer juntos, remando en la misma dirección, sin miedo, sin prejuicios y siempre con una idea y un concepto claros: querer colaborar. Estamos en el mismo barco, tenemos el mismo objetivo. No hay más. Si cada uno tira hacia un lado, lo único que conseguiremos es que las cosas no funcionen. El papel de la administración no es fácil. Los políticos de hoy se están enfrentando a problemas nunca vistos por sus predecesores. Y les debemos ayudar.

Y es que los cambios van más allá. Están revolucionando el entorno. Lo que antes era útil, ahora no lo es. De repente, un símbolo de las calles como son los quioscos, que servían como núcleo social, punto de encuentro y de información, ya no sirven para nada. La gente, las personas, los ciudadanos, hemos decidido que ya no los necesitamos. Y otros elementos hace años impensables, toman su lugar. Los carriles bici están rediseñando las aceras, el arcén. Son quienes ahora van en bici los auténticos pioneros, los que están promoviendo los cambios que hace 30 años eran impensables.

La crítica. Sí. Existe. Y es constante y permanente. Las redes sociales han democratizado las opiniones, han dado un altavoz a todo el mundo. Lo que antes suponía hacer una carta al director hoy requiere quince segundos y conexión a Internet. Una foto. Una frase. Un mensaje. La viralización es un derecho. Las redes sociales ponen en jaque la opinión pública y en esta lucha nuestro campo no queda al margen. Cambio, polémica, dudas... Es normal que las administraciones se vean condicionadas, y es también nuestro trabajo hacerles lado en esta revolución, lo que nos da un poder hasta ahora inimaginable.

Además, debemos aprovechar el interés del mercado de inversión por este sector, y tratar de enfocarle en construir negocios sostenibles. Recientemente he visto un cambio radical en la opinión de los inversores de movilidad. Los que hace un año querían invertir en el siguiente Uber depredador, hoy entienden que la movilidad compartida nunca funcionará si no se trabaja de la mano con las administraciones públicas.

Nuestro trabajo, entonces, mi trabajo, el de cualquiera que quiera ser parte de la revolución que está ocurriendo, es ser un puente entre esos dos mundos, ser un facilitador que ayude a que las cosas sucedan de forma más rápida. Nadie como nosotros conoce ambos lados de la mesa. Nadie como nosotros puede saber qué necesita uno y otro. Nadie como nosotros tiene una visión 360°. Para mí, entrar en la movilidad compartida ha sido y es una auténtica oportunidad.

Todo lo que os he explicado en este libro quiere ser un repaso del camino que he seguido, entendiendo desde qué es la sostenibilidad hasta en qué momento se encuentra la movilidad y cómo se encuentran estos dos conceptos, de forma inexorable, en las ciudades de hoy. Así, estas páginas recogen lo que he vivido durante estos dos años en este complejo sector, tratando de recopilar e incluir distintas opiniones.

Reby huye del propósito de ser una excusa para que los inversores puedan «deployar» su capital. Huye de la burbuja tecnológica que ha llenado portadas de periódicos en los últimos años. Y huye de ser una compañía oportunista que sacrifica la rentabilidad y la sostenibilidad por el crecimiento precoz.

Reby quiere cambiar las cosas. Y, con este libro, te quiero hacer partícipe de nuestra aventura.